赤ちゃん〜学童期

個性と
ともに
生きよう

# 発達障害の子どもの心がわかる本

監修：笠原麻里
駒木野病院　児童精神科診療部長

主婦の友社

# 困っている親よりも困っている先生よりも本当に困っているのは、子ども自身です

人と同じであること。

雰囲気に合わせて周囲の和を乱さないこと。

こうしたことが強く求められる社会で生きづらさを抱える人の中に、
発達障害の子どもたちがいます。

「なぜみんなと同じようにできないの？」

「なぜ何度言っても同じことを繰り返すの？」

親や先生、周囲の大人に叱られ、注意され、
彼らはとても困っています。

なぜなら発達障害は、「治すもの」「治るもの」ではないからです。

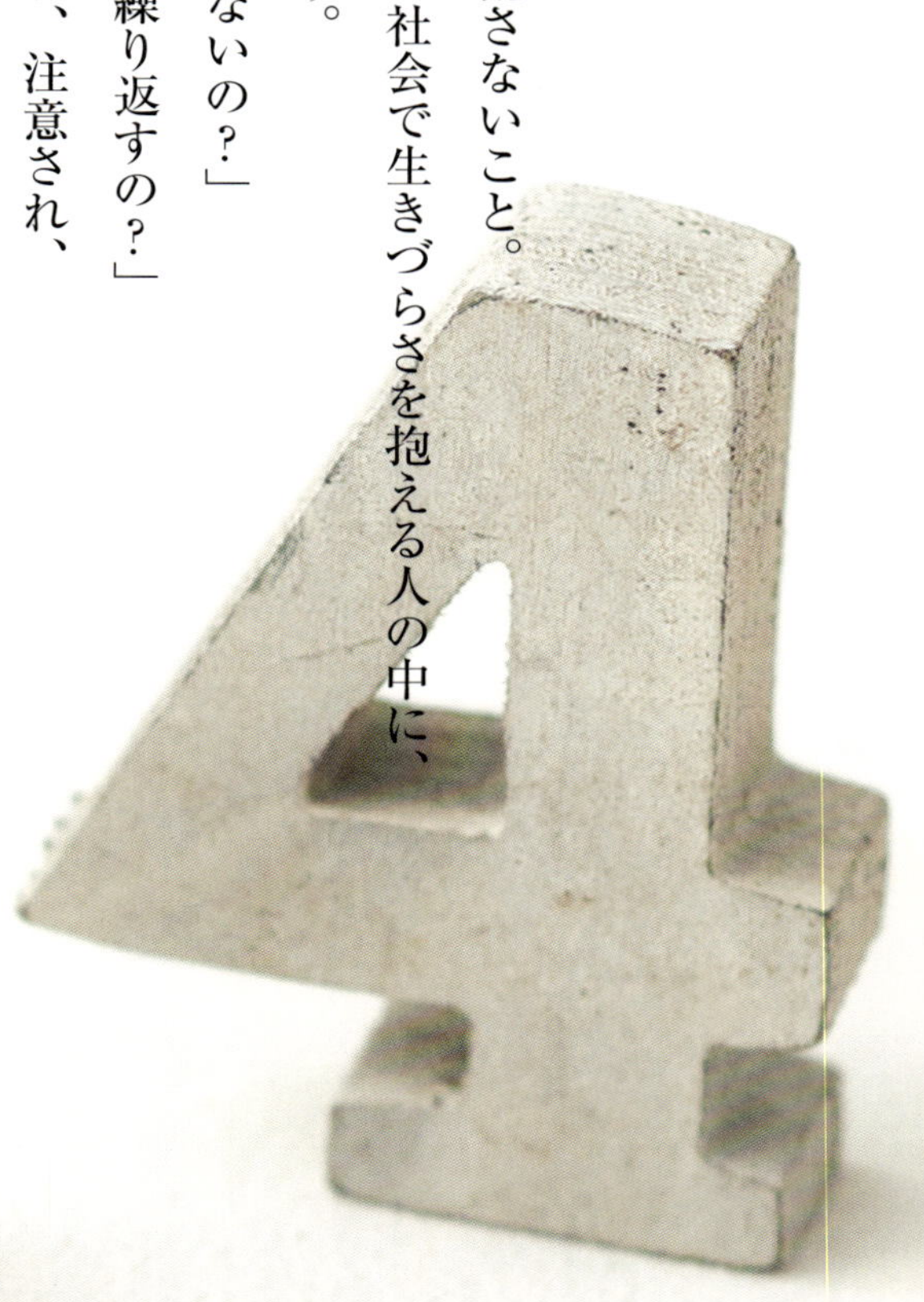

駒木野病院
児童精神科診療部長
**笠原麻里先生**

発達障害の特性は、その人のキャラクターに大いにかかわるものです。
空気を読んでの「そつのない会話」ができない。
落ち着かず、なんだかいつもソワソワしている。
ジグソーパズルがとっても得意だけれど、その他のことはうまくできない。
こうした個性を持った人はたくさんいます。
発達障害は、これらの個性が
「社会生活を送るうえでの障害になっている」状態といえるでしょう。
親がすべきことは、彼らを「治そう」とすることではなく、
彼らの困難さに手を差しのべ、
その子が持つ本来の力をできるかぎり引き出すことだと思います。

人と違っていることとは、悪いことではありません。
子どもを信じてください。
うちの子はどんな子なのかな？　苦手なことだけでなく、
得意なこともよく見てください。
たとえ反応が薄くても、毎日たくさん声をかけてあげてください。
そして人生の先輩として、
少し先を見て子どもに針路を示す水先案内人になってください。

この本では発達障害の基本的な知識に加え、
親ができること・心がけたいことを具体的に解説しました。
発達障害を、子どもとともに生きる伴走者として、
どうぞ参考にしてください。

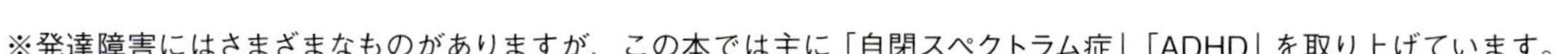
※発達障害にはさまざまなものがありますが、この本では主に「自閉スペクトラム症」「ADHD」を取り上げています。

CONTENTS

## 自閉スペクトラム症をともに生きる――親ができること・すべきこと

PART 3

# ADHDの特性とかかわり方

PART 4

# 年齢別 困った状態の対処法

# PART 5 発達障害 体験談とQ&A

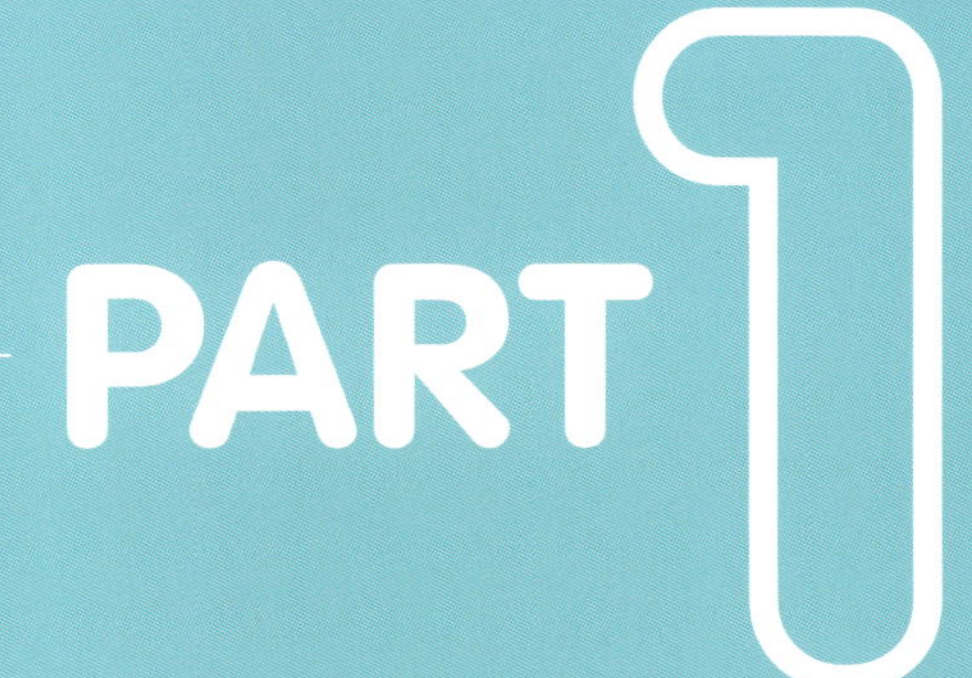


# 発達障害の基礎知識

発達障害とは知覚や運動、言語など、発達面での障害のこと。
その程度や状態は実にさまざまで、
困っていること・苦手なことは一人ひとり違います。
とらえにくい発達障害の概要をまとめました。

# 発達障害にはいくつかの種類があります

## 「発達の早さ」だけでなく「発達の質」が違う

生まれたばかりの赤ちゃんは、泣くこととおっぱいを吸うことくらいしかできません。しかし成長に伴って笑顔を見せ、寝返りをし、ハイハイを始め、言葉を話し……さまざまな能力を身につけていきます。これが「発達」です。

私たちは発達過程で身につけた能力を使いながら、人間社会に適応して生きているのです。

ところが、発達になんらかの問題があり、適切な対応をしないと、社会に適応しにくくなります。そのうち、精神機能によるものが「発達障害」です。

発達障害は生まれながらの脳の機能トラブルによるもので、生涯続くものと考えられています。「発達がゆっくりなだけで、そのうち追いつくだろう」と考える人は少なくありませんが、発達障害は「発達が遅い」というだけの問題ではなく、発達の中身（質）も違うということを知ってください。

発達の早さや質にどんな特性があるかによって、左の図のような名前で診断されます。実際にはさまざまな要素がまじり合っていることが多いものです。

## 「発達障害」と「普通」に境界線を引くのは難しい

発達障害は、以下に大別されます。

**①知的能力障害**

精神遅滞ともいい、一般的には知能検査の結果（ＩＱ）が70以下の場合に知的能力障害とされます。

**②自閉スペクトラム症**

「コミュニケーションが苦手」「こだわりが強すぎる」といった自閉症の特性を持つ状態の総称です。以前は知能や言葉の出具合によって、「自閉症」『高機能自閉症』「アスペルガー症候群」などとこまかく分類されましたが、現在は「自閉症の連続体（スペクトラム）」とひとくくりに考えるようになっています。この本では「自閉スペクトラム症」と表記していますが、「自閉症スペクトラム（ＡＳ）」『自閉症スペクトラム障害（ＡＳＤ）」という表記も見られます。

**③ＡＤＨＤ**

不注意、多動・衝動的な特性を持っています。落ち着きがなく、よく考えずに行動するなどの様子が見られます。

**④ＬＤ（学習障害）**

知能全般には問題がなくても、「読む」「書く」『話す』『聞く』『計算する』『推論する」といった特定の能力に障害があります。

これらの発達障害のうち、１つだけ持っているというケースばかりではなく、いくつかの要素がまじっていることもしばしばあります。一方で、定型発達の子にもこれらの特性の一部が見られたり、薄く特性を持っていたりすることがあります。発達障害の子にも、普通によくできる部分はたくさんあります。

すべては連続体であり、社会生活の困難が多い人に対してその困難を理解し、適切に対処するために診断名がある、と考えてください。

# いろいろな発達障害

国際的に用いられる診断基準をもとに図式化したものです。
障害の出かたや程度はさまざまで、いくつかが重なっていることもあります。

いくつかが重なっていることも

## 学習障害

**読み、書き、計算など、特定の分野に困難がある**

たとえば

- 文章が読めない
- 文字が書けない
- 数の概念が理解できない　など

## ADHD（注意欠如／多動性障害）

**集中できない**
**落ち着きがない**
**衝動的に動く**

たとえば

- じっと座っていられない
- すぐに気が散る
- 順番が待てない
- よくものをなくす　など

## 自閉スペクトラム症

**コミュニケーションがとりにくい**
**こだわりが強い**
**感覚が過敏**

たとえば

- あまり笑わない
- 話しかけても目が合わない
- いっしょに遊ばない
- 決まった遊びを飽きることなく続ける
- 体にさわられるのをイヤがる　など

## 知的障害

**知能の発達に遅れがある**

## 運動障害

**目立って不器用**
**力のかげんができない**

たとえば

- ボタンがかけられない
- 定規やハサミがうまく使えない
- 自転車に乗れない　など
- ボールが蹴れない

## コミュニケーション障害

**社会的に適切なコミュニケーションがとれない**

たとえば

- あいさつが返せない
- 相手に合わせて話し方を変えられない
- ジョークが理解できない　など

# 発達障害の原因は脳のトラブルです

## 脳と神経の働きがうまくかみ合わないことで障害が

### 情報伝達に偏りがあるため不器用なことも多い

わが子はなぜ発達障害に生まれたのか——親にとっては非常に気になることでしょう。育て方が悪かったせいではないか、と思うかたもいるかもしれません。確かに、発達障害の原因は親の育て方や本人の性格、生活環境にあると考えられていた時期もありました。

しかしその後の研究や観察の結果、発達障害の主な原因は、生来的（生まれながら）な脳の機能トラブルであることがわかってきました。

脳はそれぞれの部位によって働きが違うのですが（下イラスト参照）、これらが協調的に働かないことで障害が起きているのではないか、と考えられています。私たちの脳には全身の神経を通じてさまざまな情報が集まってきます。それを整理して取捨選択したり優先順位をつけたりして、適切な行動としてアウトプットすることがうまくいかないのです。

発達障害の子は不器用なことも多いですね。「ひもを結ぶ」「助走をつけてジャンプして跳び箱を跳ぶ」といったこまかい・複雑な動きが苦手なのも、脳の各部分が協調的に働かないことが理由だと考えられています。

ただし、「脳のこの部分にトラブルがあれば、子どもはこのような行動をとる」と明確になっているわけではありません。発達障害と脳との関係は、今後さらなる研究を待つ必要があるでしょう。

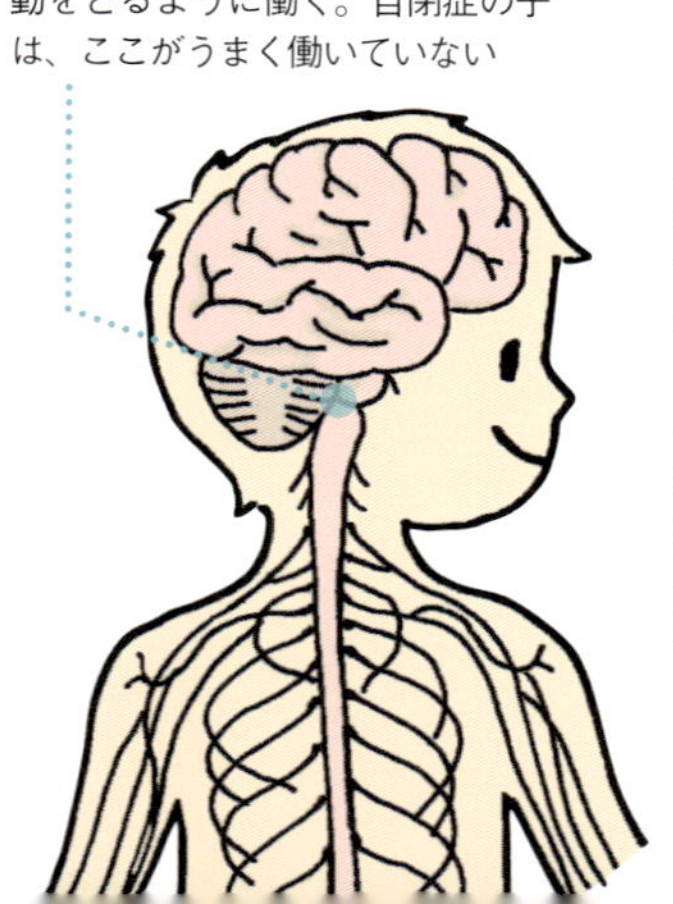

**中枢神経**
脳と脊髄の総称。体の各部分とつながり、言葉、音、温度などの情報をやりとりし、それに適した行動をとるように働く。自閉症の子は、ここがうまく働いていない

**前頭葉**
脳全体のシステムをコントロール。想像、試行、判断、記憶、感情など、人間の行動のすべてをつかさどっている

**海馬**
主に快感、不快感、不安、怒りなどの感情と、記憶をつかさどっている

**間脳**
本能的な行動や感情をつかさどっている

**小脳**
体を平衡に保つ、複雑な運動を行うなど、運動機能をつかさどっている

**扁桃体**
主に好ききらいの感情と、攻撃的行動に関係する部分

# 遺伝の可能性もあると考えられています

## 家族内で発生しやすいことがわかっています

では、なぜ脳にこのようなトラブルが発生するのでしょうか。

脳の機能トラブルといわれると、妊娠中や出生時のトラブル、出生後の高熱や、転倒による脳への衝撃などが疑わしく思える人もいるでしょう。現在のところ、「物理的なダメージが発達障害を引き起こす」という確実な証明はできていません。ただし、「物理的なダメージと発達障害との間にはまったく何の関係もない」と言い切ることもできません。

発達障害は生まれながらのものであるということを考えると、遺伝の可能性も否定できません。実際、「家族の中に似たキャラクターの人がいる」と感じている人は少なくないでしょう。

統計的に、自閉スペクトラム症やADHDは確かに家族内に発生しやすいことがわかっています。親のどちらかに自閉的な特性があると、子どもが自閉スペクトラム症の確率はやや高く、一卵性双生児が2人とも自閉スペクトラム症の可能性はかなり高いことがわかっています。

一方、きょうだいそろって発達障害のケースは必ずしも多くなく、いちがいに「親から子に遺伝する」とはいえません。

ただ、性別はかかわっているようです。発達障害は、女の子より男の子に多く発生します。これは世界各国の調査で明らかになっている事実です。一般に男性のほうが活動性が高く、情緒より論理を好む傾向がありますが、これは発達障害の特性とも通じるものがあります。ただしもちろん、女性は発達障害にならないということではありません。今のところはまだ、「さまざまな遺伝子の組み合わせと環境などの要因が、発達途上の脳に作用して発達障害になるのではないか」ということまでしかわかっていません。

### 自閉症やその傾向があらわれる確率

### 育て方やしつけの問題と思い詰めないで

かつて自閉症は、「子どもへの語りかけが不足したからだ」と親――特に母親が責められました。しかし現在では、発達障害の主な原因は脳の機能がうまく作動しないことだとわかっています。「適切な働きかけがあれば発達に問題は起きない」と言う人もまだいますが、前向きな気持ちを失わないためにも、思い詰めないようにしてください。

# 発達障害は治すものではなく、ともに寄り添うもの

## 「個性」を「治す」ことはできません

### その子が生きやすいように支えることを重視

「せめて、普通のことがほかの子と同じようにできるようになってほしい」

それは発達障害の子を持つ親御さんの切実な願いだと思います。けれど発達障害の子にとって、それはとても難しいことなのです。「みんなと同じ」を望んでしまうと、わが子の「できない」が気になり、親も子も苦しむ結果になります。

発達障害を「治そう」とは思わないでください。ほかの子たちがなにげなくできることが、その子にはできないかもしれません。けれど、ほかの子にはない発想をしたり、驚くべき集中力や記憶力を持っていたりします。不得意なことは多いですが、得意なことも必ずあるのです。

そのデコボコを「劣っている」と見るか、「ユニークでスペシャルな個性」としてプラスにとらえるかは、周囲の大人の見方にかかっています。「個性」として認めてもらえることで、子どもの日々の幸福感はずいぶん違ってくるはずです。

現在、発達障害そのものを治療するための薬はほとんどありません。ADHDの子どもの症状を緩和する薬剤があるくらいです。

「治す」のではなく「生きやすいようにサポートする」ことが大切です。発達障害の特性に合わせて、治療的・教育的にかかわることを「療育」といいますが、早めに療育を開始することは、子どもの困難への対処法を身につけ、すぐれた部分を伸ばすことにつながります。

２００４年に作られた「発達障害者支援法」により、地域のサポート態勢や、学校教育の現場での「特別支援教育」の充実も進んできています。発達障害という特性に応じて、進学や就職ができる指導も始まっています。

# 周囲の無理解が別の問題を引き起こすことも――二次障害

## 自尊感情のゆがみが二次障害の原因に

逆に、周囲が無理解なまま成長したとしたらどうなるでしょうか。

発達障害の子どもは、周囲から「困った子」「変な子」などと思われがちですが、本人はなぜそう思われるのかがわかりません。自分らしくふるまっているだけなのに、笑われたり、バカにされたり、叱られたりして深く傷つきます。そして自分自身を「ダメな子だ」と思い込むようになるのです。

子どもがすこやかに成長するためには「私は価値ある人間だ」という自分への信頼感が不可欠です。「自尊感情」「自己肯定感」などといいますが、それはすべての人間が生きていくうえで、大切な支えになります。周囲の発達障害への無理解や無神経は、その子の自信や自尊感情を奪っていきます。その結果、「二次障害」を招くことになるのです。

二次障害には、激しい劣等感や、うつ、ひきこもりなどの形で自分の内側に向かうものと、暴力や暴言、非行化といった外に向かって発散するものとがあります。

二次障害のあらわれ方は子どもの年齢や個性、発達の様子によって違いますし、同じ子でも時期によって出かたが変わることもあります。

### 親同士の交流を積極的に

「障害」という言葉は親にとって非常に重く、受け止めきれないこともあります。そんな時には、同じ悩みを抱える親同士の交流の場に出かけてみてはいかがでしょう。全国には自閉スペクトラム症やADHDの支援団体があり、交流会や勉強会を行っていることもあります。実際に発達障害の子どもを育てている先輩ママ・パパの体験は、先を見通すうえでも大事な情報です。

## 問題行動が出る前に家庭でサポートを

いずれにしても、無理解に対するストレスや心の傷からくるSOSサインなのですが、周囲の大人は二次障害の具体的な行動に振り回されてしまい、「発達障害が原因なのでは？」とは気づきにくくなります。問題行動の改善だけで手いっぱいになってしまうからです。ですから、もぐらたたきのように問題をたたくだけで根本的な解決がなされず、大人になるまで引きずるケースもあります。

発達障害の子は、本来素直でまっすぐな個性を持っていることが多いものです。家庭では子どもの特性を受け入れ、自尊感情をていねいに育てていってください。

### さまざまな二次障害

**劣等感**
「ダメな子」「困った子」と言われ続けたり、周囲から笑われたりすることで、大きな劣等感を持つように。気づかないうちにうつになるケースも。

**不登校**
周囲に理解されないことのつらさ、いじめ、勉強がわからない、友だちとのトラブルなどが原因で、学校に行けなくなってしまう。

**引きこもり・対人恐怖症**
周囲からからかわれる、笑われる、一方的にどなられる、などが引き金となって対人恐怖症に。部屋から出られなくなってしまう。

**うつ・心身症**
劣等感や、周囲に理解されないストレスから心のバランスをくずす。頭痛や腹痛を訴えたり、朝起きられなくなったりすることも。

**いじめ**
周囲とうまくなじめない、会話がかみ合わない、場の雰囲気が読めない、などが原因で友だちに敬遠されたりいじめられたりする。

**攻撃感情**
常に叱られ、認められないことから周囲の人が信じられなくなり、敵意や攻撃的な感情をぶつけるようになる。

# 障害の特性はあらわれやすい年齢があります

## 乳幼児健診の場で指摘されて気がつくことも

発達障害の特性にはなるべく早く気づいてあげたいものです。しかし生後すぐにその特徴が顕著にあらわれることはほとんどありません。「言われてみれば、そうだったかも」という程度です。

「発達障害かも?」と親が気づくきっかけになるのが、乳幼児健診です。

1才半健診や3才児健診で言葉の遅れなどを指摘されて「もしかして」と考える人は少なくありません。発達障害の知識を持つ親御さんが増え、健診の場で「うちの子は発達障害ではありませんか?」と聞いてくる人もいるようです。

典型的な自閉スペクトラム症の特性を持っていれば、2~3才で確定診断ができることもあります。しかし、軽度だと3才でも難しいことがあります。3才児健診で特性を指摘されても、年齢が上がってくると落ち着くことがありますし、別の特性があらわれることもあります。また、知的な遅れがなければ小学校高学年くらいまで明らかにならないこともままあります。

ADHD(注意欠如/多動性障害)の場合は、「落ち着きがない」「集中できない」「衝動性が強い」といった特性が、一般的に幼児では許される場面が多く、はっきりと診断できるのは就学前後の6才くらいになることが多いようです。

**自閉スペクトラム症は**
**100人のうち1人**

**ADHDは**
**100人のうち3~7人**

近年、発達障害は増えているといわれます。その割合は、生きづらさを抱えた子どもがクラスの中に1~2人いるイメージです。

## 親にしか語れない その子の発達の姿を見て

発達障害の相談が増えるのは、入園入学の時期と重なります。身近な人々には許されていた言動も、社会性を求められるようになると高い水準の整った言動を期待されるようになるからでしょう。

極端な例ですが、アメリカの小学校では問題を指摘されなかった子が、日本の学校に入ると多動が問題になり、ADHDが疑われたケースもあります。

ですから、環境によっては「障害」ととらえられない可能性もあるのです。逆に「生きづらさがありそうだ」と感じたなら、障害であろうとなかろうと対策を打つ必要があると考えてください。

その時の手がかりは、今に至るまで親御さんが見てきたその子の歴史の中にあります。何が好きで、何がきらいで、何をした時に喜ぶのか。わが子の発達の物語の中に、診断や療育のヒントがあるのです。

# それぞれの年齢で見られる発達障害のサイン例

**1才まで**

**自閉スペクトラム症**
・泣かない、またはささいなことで泣く
・一人で寝かされていても平気
・あやしても笑わない

1才

**1才半**

**自閉スペクトラム症**
・言葉が出ない

2才

**2〜3才**

**自閉スペクトラム症**
・言葉が増えない、2語文が出ない
・1つのものに執着する
・名前を呼んでも振り向かない
・だれかと遊ぶより一人で遊ぶほうが好き
・視線が合わない
・手をつなぐのをイヤがる

**ADHD**
・じっとしていない
・よく迷子になる

3才

**3〜4才**

**自閉スペクトラム症**
・コミュニケーションが一方通行
・強いこだわりがある
・かんしゃくを起こす

**ADHD**
・じっとしていない
・反抗ではないが言うことを聞かない

4才

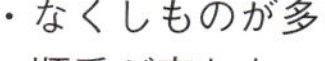

**小学校入学前後**

**ADHD**
・じっと座っていられない
・なくしものが多い、大切なものも忘れる
・順番が守れない

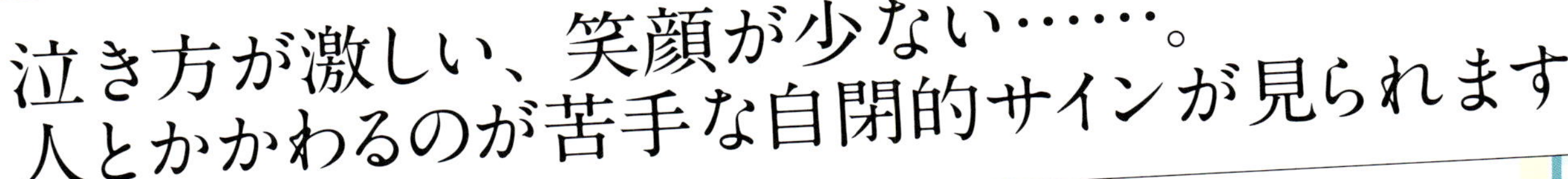

# 泣き方が激しい、笑顔が少ない……。人とかかわるのが苦手な自閉的サインが見られます

ちょっと気になるうちの子の様子

## 赤ちゃん期 0～2才ごろまで

えーん えーん
うっうっ
よしよし
あ、泣きやんだ
私はあやし方が下手なのかなぁ……
なにしろうちの子、泣き始めると止まらない
うぇ～ん うぇ～ん
もう1時間泣きっ放し…

抱っこしても目を合わせない
いい子ね～
ばん～
……
あやしても笑わない
さわられるのがイヤなのか抱っこすると体をそらす
わぁ
ぎゅい～ん
うーん 自己嫌悪

児童館のプレイルーム
まあくんって後追いしないのね
ママー ママー
うん…ひとりにされていても平気かなー
ス～
まぁくん！待ってー
まだ名前を呼んでも振り向かないし
スタスタ
スタ…
ちょっと気になるのよね……

## 1才ごろまでは言葉によらないコミュニケーションに注目

生まれたばかりの赤ちゃんだと、お医者さんでも発達障害に気がつくのは難しいものです。それでも、自閉スペクトラム症の場合には1～2才ぐらいまでにその特性があらわれ始めています。

1才ごろまでの、まだ言葉が話せない赤ちゃんは、泣き声や笑顔、手を伸ばす動作などで相手とつながる力を持っています。

自閉スペクトラム症の子は、このように相手とつながりを持とうとする力が弱いのです。生後6カ月くらいになってもまったく目を合わせようとしない、生後10カ月くらいになっても、「○○ちゃん」というママの呼びかけに反応しない、などの様子があるなら、発達障害の可能性があります。ただしこれは聴力や視力に問題がある場合もあるので、早めに医療機関を受診しましょう。

また、自閉スペクトラム症の子には「感覚過敏」という特性があることから、抱っこの時に体をあずけてこず、親が抱きにくさを感じることも。直接手をふれるのがイヤなのか、とりたいものがあると相手の手を持ってとらせる（クレーン現象）様子が見られるケースもあります。

ほかにも「泣き出すと止まらない」「夜泣きがひどい」と育てにくさを感じる人もいれば、「あと追いをしない」「常におとなしくて手がかからない」と育てやすく感じる人もいます。

## こんな様子はありますか？

- □ 泣き方がとても激しい
- □ いつまでも泣きやまない
- □ あまり泣かない。とても静か
- □ 抱っこしにくい。抱っこすると体をそらす
- □ あやしても目が合わない
- □ あまり笑わない
- □ 人見知りをまったくしない
- □ ２才を過ぎても言葉が出ない

※この時期、ＡＤＨＤのサインはまだほとんど出ません。リストは自閉スペクトラム症の子どもに比較的多く見られるもの。こうした様子がある＝発達障害ではありませんが、定期健診などで相談してみるのもいいでしょう。

## 1才を過ぎたら言葉の出かたに気をつけて

言葉の遅れは、自閉スペクトラム症の重要なサインのひとつです。一般的には1才半ごろまでに3つ以上の単語が出てくるものですが、自閉スペクトラム症の場合、「ママ」「パパ」「ブーブー」などの意味のある単語が出ないことがあります。また、一度は出ていた単語が2才ごろには出なくなって話をしなくなるケースもあります。

言葉が遅いだけでなく、親の指示が伝わりにくいとも感じられるかもしれません。多くの子は2才前後になると、親の「ダメ」に敏感に反応し、顔色をうかがうようなそぶりを見せます。しかし、自閉傾向のある子は、親の言動にわれ関せずの行動をとります。ほかにも、特定のおもちゃに執着する、偏食がひどいなどの「こだわり」が見られることもあります。

### 親失格と自分を責めないで

この時期、自閉傾向のある子のママは、苦難の連続です。つらい夜泣きや深夜の授乳、慣れない子育ての不安を解消するはずのわが子の笑顔や、打てば響くような相互性を感じにくいからです。「自分は子育てが下手だ」と落ち込む人は多いのですが、自分を責めてはいけません。気になることは親だけで抱え込まず、地域の保健機関や子育て支援機関、かかりつけ医に相談してみましょう。

ちょっと気になるうちの子の様子

# 幼児期 3～6才ごろまで

## 人とコミュニケーションをとりにくい、自閉的な特性がはっきりあらわれてきます

## こんな様子はありますか？

- □ 話さない、言葉が出ない
- □ 名前を呼んでも振り向かない
- □ 激しいかんしゃくをよく起こす
- □ 集団の中でもいつも一人で遊んでいる
- □ 好ききらいが激しい
- □ つま先立ちで歩く
- □ トイレトレーニングに非常に苦労する
- □ 決まった遊びだけを繰り返す
- □ ものの貸し借りができない。「貸して」「どうぞ」ができない
- □ 電車やバスの中でまったくじっとしていられない
- □ 食事中にすぐに立ち歩く

※自閉症の子は感覚が過敏で、「足が地につく」のがイヤでつま先歩きをすることがあります。また、トイレトレーニングは社交性と関連があり、とても苦労する子が自閉症だったというケースが。ADHDのサインが出てくる子もおり、最後の2つはその一例です。

## 「ほかの子と違う」がはっきり見えることも

赤ちゃん期には発達障害の兆候が見られなかった子でも、3才ごろになって「違い」に気づくことがあります。

まずは言葉の問題です。3才になっても2語文が出ない、言葉をほとんど話さず、ほかの神経系や臓器の異常が認められない場合には、自閉スペクトラム症が強く疑われます。言葉が出ている場合でも、相手の言葉をオウム返しにして答える、大人が驚くような難しい言葉を使う、会話がちぐはぐになる、などの様子は気になります。

あるいは、感覚が過敏な様子が見えることもあります。光やにおい、温度に過剰に反応したり、ピアノの音や水の流れる音など、普通は聞き流せるような音に耳をふさいで逃げ出したりします。時には、これらが原因で激しいかんしゃくやパニックを起こすこともあります。

この時期、子どもの食事に苦労する親は少なくありません。特定の食品しか食べようとしない、気に入ったものばかり食べたがる、微妙な舌ざわりを気にする、などの様子は、感覚過敏かもしれません。

感覚は過敏なのに「おむつがぬれる」「おしっこが出そう」などには鈍感で、トイレトレーニングが進みにくい子も珍しくありません。

また、いすに座って食事ができず、マイペースに歩き回るなど、多動の傾向が見えてくる子もいます。

## 集団行動が苦手でルールを理解しにくい

3〜4才は集団生活のスタート時期です。幼稚園に入園する子が多くいますし、保育園でも意識的に集団活動を増やし始めます。

そんな中、自閉スペクトラム症の子は集団行動や集団遊びに加わらず、一人ぼっちでいることが目立ってきます。あるいは、同年齢の子ではなく幼稚園の先生など大人と遊びたがる傾向もあります。「貸して」「どうぞ」といった友だち同士のやりとりや、「ブランコは順番に乗る」などのルールが理解できず、トラブルの原因になることもあります。

多動の傾向が強いADHDの場合は、先生の話を静かに聞く、バスの中で座っている、などの行動が苦手です。入園当初はそういう子が多くいても、年中・年長と進むうちに落ち着いてくるものです。だからこそ、「うちの子だけなぜ？」と気づくのです。

# ADHDの子は、このころから はっきりと特性があらわれてきます

ちょっと気になる うちの子の様子

## 学童期 6、7才以降〜

## 同じ姿勢を保つのが苦手で授業中に立ち歩いてしまう

学童期に入ると、ＡＤＨＤの子はその特性が目立ってきます。幼稚園や保育園では「好奇心旺盛ですよ」「元気いっぱいなのね」と言われて見守られてきたのに、小学校に入学したとたんに「問題行動の多い子」になってしまうのです。小学校に入るとルールが多く、がまんを強いられる場面が急激に増えるので、ＡＤＨＤの子にとっては苦手な毎日を送ることになるからです。

ＡＤＨＤの特性のひとつに多動があり、たとえば机に向かって45分間同じ姿勢を保つこと自体、簡単ではありません。授業中にいすをガタつかせたり、姿勢をくずしたり、立ち歩いたりします。また、目と手、手と足、体と手などを微調整しながら動かすことを「協調運動」と呼びますが、発達障害を持つ子はこれが苦手なことがよくあります。これは、雑な行動に見えるかもしれません。体育の前にすばやく着替えができない、消しゴムでうまく消せずにノートを破るなど、学校生活のこまかな部分で負担感が大きくなってきます。

## 授業に集中できない、忘れものが多い

ＡＤＨＤの特性である「注意欠如」「多動」「衝動性」は、幼児期にはあまり気になりませんでしたが、小学生になったとたん注意を受ける対象になります。

ＡＤＨＤの子は、周囲の刺激にいちいち反応してしまう特性があります。先生の話を聞いている時でも、窓の外に鳥が見えたり、隣の子がいすを引いたりするだけで、注意がそちらに向いてしまうのです。おしゃべりが止まらず先生の指示を聞きのがし、大きな失敗や忘れものをすることもあります。衝動性が強いので、ちょっとした言い合いが原因で友だちを突然たたく、などのトラブルが起こる可能性もあります。

また、ＡＤＨＤの子の多くは学習面でのトラブルを抱えているといわれています。集中力が持続しないために、学校の授業中には理解しきれず、学び残しが出てしまうのです。

ＡＤＨＤと学習障害（ＬＤ）を併せ持っている子も少なくありません。ですから数字の概念が欠けていたり、漢字がどうしても覚えられなかったりします。勉強への苦手意識を強く持ってしまう前に担任の先生と相談し、学習面でのサポートをしていくことが必要になります。

### こんな様子はありますか？

- □ 席に座っていられない。教室内を立ち歩く
- □ 忘れものや、なくしものが多い
- □ ランドセルの中がひどく乱雑
- □ グループ課題などの共同作業で勝手に動く
- □ ルールやきまりが守れない
- □ 書き取りや計算ドリルなど、コツコツやる勉強が苦手
- □ いつも貧乏ゆすりをしている

※学童期は、ＡＤＨＤのサインがはっきりとあらわれてくる時期です。行動に落ち着きがなく衝動的なのが特徴。思いついたことをすぐ行動に移すので、クラス全員で大きな絵を描くなどの共同作業で浮いてしまうことも。

# 発達障害が気になったらできるだけ早く相談を

## 解決策を見つけるためのサポーターを増やそう

わが子が「ほかの子と違う様子」だと親は不安になり、発達障害かもしれないという疑いから目をそらすこともあるでしょう。けれど、突然パニックになったり、友だちの輪にうまく入れなかったり、学校や園で失敗が多かったりというのは、本人にはとても苦しいことです。大きなストレスを感じていますし、そんなわが子と向き合うママやパパも、決してラクではないはずです。

だからこそ一人で悩まず、園・学校の先生・保健師などに相談したり、積極的に相談窓口に問い合わせたりしてください。「発達障害なのか」を問うのではなく、「現状の問題をともに考えてくれるサポーターを見つける」のだと考えましょう。相談窓口には、主に2つのルートがあります。

**①自治体の相談窓口**

地方自治体の保健所や保健センター、児童相談所、子ども家庭支援センター、児童発達支援センターなどで相談でき、必要に応じて医療機関を紹介してもらうことも可能です。また、発達障害者支援センターや教育相談所でもアドバイスを受けることができます。

**②医療機関**

小児神経科や児童精神科が専門です。大学病院の小児科や、子ども病院でも発達障害の相談を受けつけてくれます。相談する場合、医療機関からの紹介状が必要になることもありますので、保健所やかかりつけ医に紹介状を書いてもらうといいでしょう。

## 不安に感じることを具体的にメモしておこう

専門の医療機関を受診したとしても、いきなり採血したり、聴診器を当てたりすることはありません。

医師は子どもに声をかけたり、名前を呼んだりして、その反応を確認します。また、日常の様子を知っている親御さんから、子どもの発育歴、現在の家庭での様子、園や学校での様子、身の回りのことがどの程度できるか、不安に感じている点は何か、などを聞きます。その場であわてないよう、事前にメモしていくといいでしょう。診断にあたっては、発達検査や、必要に応じて脳波や頭部CT検査なども行います。

病院や相談所に行くときに持って行きたいもの

母子健康手帳

育児日記

健診などの検査結果

紹介状

健康保険証

幼稚園、保育園、学校との連絡ノート

# 「発達に不安がある」「相談したい」時に――

## 保健所・保健センターに相談

地域の保健所や保健センターでも発達に関する相談を受けつけています。乳幼児だけでなく、学童期の子どもの相談にも乗ってくれます。

## 発達障害者支援センターに相談

発達障害児（者）への支援を総合的に行う専門機関で、各都道府県に設置されています。保険、医療、福祉、教育、労働などの関係機関と連携し、さまざまな指導や助言を行っています。
http://www.mhlw.go.jp/seisaku/dl/17a.pdf

## 児童相談所に相談

児童相談所というと「虐待」をイメージする人がいるかもしれませんが、ここは子どもについてのさまざまな相談を受けつける機関です。発達障害の専門電話相談を設定しているところも。
http://www.mhlw.go.jp/support/jidousoudan/

## 教育相談所・教育センターに相談

各自治体に設置されている教育に関する相談窓口。学習全般、いじめ、不登校などとともに、発達障害の相談にも応じてくれる。電話相談、来所相談などが選べます。

→ 適切な相談窓口や専門医を紹介してもらう

→ 専門職員が支援やアドバイス、発達判定を行う

各都道府県、あるいは市区町村に設置されています。サポート態勢にはバラつきがあるようです。納得できないことはうやむやにしないで、きちんと確認を。

## 専門医に相談

日本小児神経学会は、ホームページで小児神経専門医と、発達障害診療医師の名簿を公開しています。近くの医療施設を探してみましょう。そのほか、総合病院では発達障害外来などが置かれているところもあります。
http://child-neuro-jp.org/

→ 検査や診察、発達判定を行う

→ 適切な相談窓口や専門医を紹介してもらう

## かかりつけ医に相談

子どもの成長の過程をよく知っているのは、かかりつけ医です。不安なことがあったら、相談してみましょう。定期健診などの折に、医師から発達検査をすすめられることもあります。

→ 適切な相談窓口や専門医を紹介してもらう

# 発達障害と診断されたら特性に合った適切なサポートを

## すぐに確定診断が出ない場合もあります

発達障害かどうかを診断する基準はいくつかあります。とはいえ、すぐに診断がつくとは限りません。特性のあらわれ方の違いや、環境要因などを見きわめる必要があるため、専門の医師でも、一度ですべてを判断できない場合があります。数カ月通う中で、ようやく診断がつくというケースもあります。

### 「様子を見る」と言われたら定期的に受診・相談を

「しばらく様子を見ましょう」と言われたら、「今は判断できないけれど、気になるところはある」という意味だと考えて。その子の育て方や発達の見きわめをしてもらうために、定期的に受診をすすめられることが多いでしょう。家庭ではどんな点に注意して様子を見るのか、どんな状態になったら再受診すべきかも、確認しておきましょう。

### 診断名がつくことでプラスの面もある

お子さんに「自閉スペクトラム症です」「ADHDです」などの診断がつくと、親御さんは大きなショックを受けると思います。「障害」という言葉に、未来を黒く塗りつぶされたような気持ちになるかもしれません。

しかし、診断されたからといってその子は何も変わりません。診断名は、親や教師や医療機関など、サポートする側の理解を促すために存在するものと心得ましょう。現在や未来に起こりうる「生きにくさ」『困りごと』を予測し、適切に手助けしていくための手立てとして、診断名を有効に使ってください。障害によっては公的支援が受けやすくなるなど、その子の成育に役立つこともあります。

はっきりと診断がつくのは

自閉スペクトラム症
**4〜5才ごろ**

ADHD
**5〜7才以降**

このくらいの年齢にならないとはっきりとした診断はつきにくい。

**こんな検査をすることも**

- □ 知能検査
- □ 脳波
- □ 脳のCT、MRI
- □ 血液検査
- □ 聴力検査
- □ 視力検査
- □ 心電図

発達障害の背景に、脳の病気が隠れていることもあります。また、発達障害ではなく耳や目の病気という可能性もあります。気になる要素がある場合には、上のような検査を実施することも。

# 診断名を受け入れて親がどう動くかがカギです

## この子をどう育てるのか？親は「水先案内人」になって

わが子が発達障害であると診断されたら、その特性について理解し、かかわり方を見直していきましょう。園や学校とも相談し、適切なサポートをお願いしたいものです。家庭では以下の４つのことを意識しましょう。

**①わが子をよく見てください**

同じ「自閉スペクトラム症」でも、子どもによって特性は千差万別。すべての子に同じやり方が通じるわけではありません。わが子をちゃんと見ましょう。診断名に振り回されず、わが子の弱みと強みを語れるようになってください。

**②よい部分を引き出しましょう**

発達障害は発達のデコボコです。遅れている部分に目が行きがちですが、すぐれている面にも着目しましょう。ただでさえストレスを抱えがちな子なのですから、好きなことを楽しく伸ばせるように考えてあげたいものです。

**③親は少し先を見ましょう**

親はわが子を温かく包む一方で、少し先を見すえる水先案内人であってほしいと思います。すぐれたコーチは、選手の能力と個性を理解したうえで「あと少し、ここまでがんばってごらん」と助言します。選手が「ここでいい」と思っている到達点の、ほんの少し先を見せてあげるのです。発達障害を持っていても、能力を発揮して好きな道で活躍している人はたくさんいます。無理をさせるのではなく、押しつけるのでもなく、その子のペースで花開けるよう、親はぜひ上手なコーチに、賢い水先案内人になってほしいと思います。

**④わが子を信じ続けてください**

発達障害があろうとなかろうと、「この子はこの子らしくあればいいのだ」と、強く、深く信じてください。その思いが土台にあれば、今後子ども自身が悩みを抱えた時に、「あなたはそのままで大丈夫」と心から言えます。親からのその信頼が、子どものブレない軸になるのです。

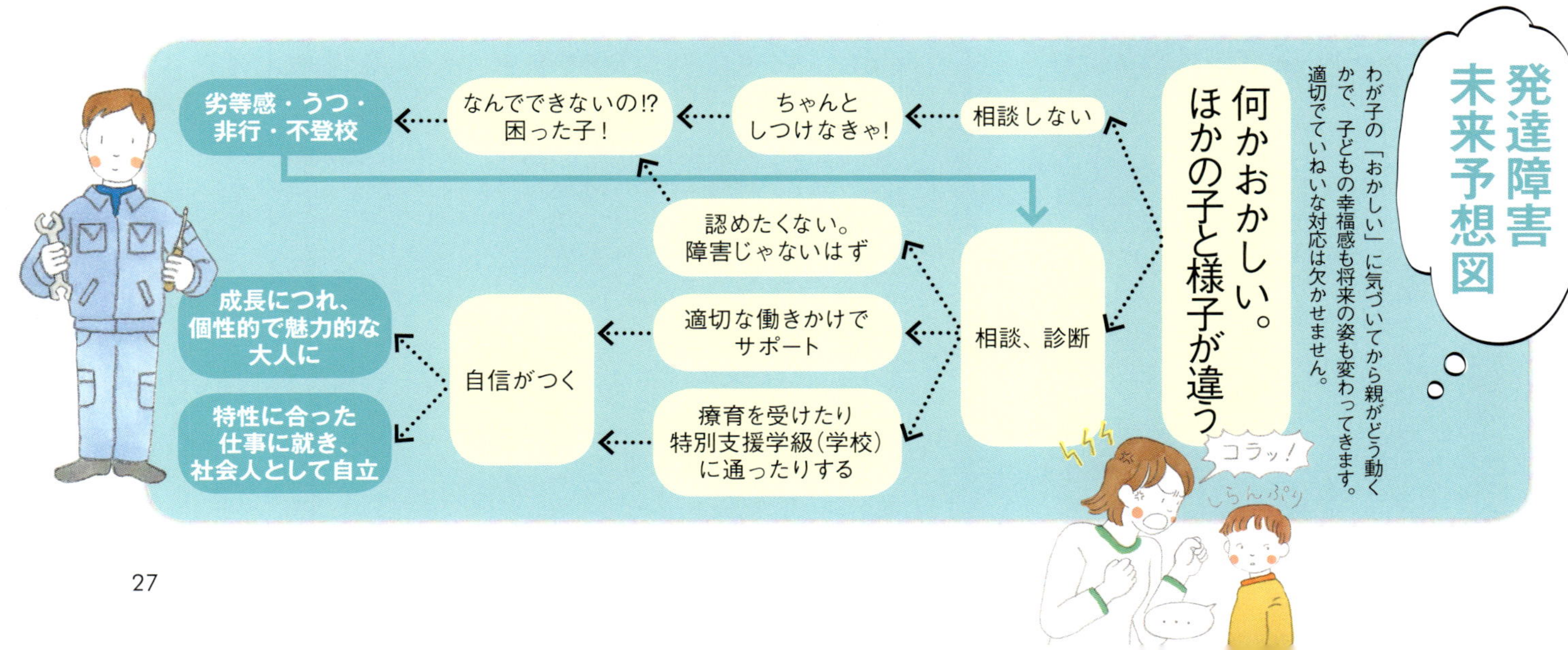

## 発達障害 未来予想図

わが子の「おかしい」に気づいてから親がどう動くかで、子どもの幸福感も将来の姿も変わってきます。適切でていねいな対応は欠かせません。

# 発達障害と家計のこと

発達障害の子を持つ家庭では、さまざまな支援やサービスを受けられることがあります。

でも、「特別な支援」ってことは料金がかかるの？　いったいどれくらい？

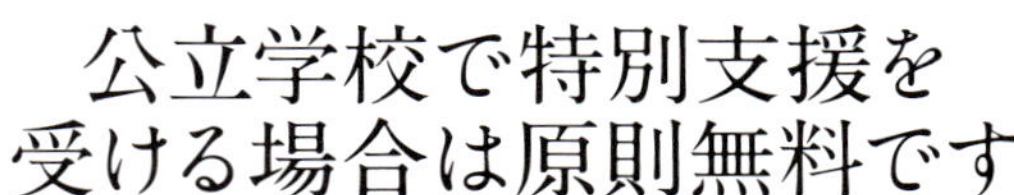

## 公立学校で特別支援を受ける場合は原則無料です

公立の特別支援学校・学級は、原則として授業料や設備費は無料です。一般の公立校と同様、教材費や給食費、通学費などは自己負担です。特別支援学校に通うと、通学バスや特別な教材費など負担が増える可能性がありますが、「就学奨励費」の支給があるので（右下参照）、実質的な負担はほとんどありません。通級指導教室（特別支援教室）を利用する場合も無料です。

## 民間の療育施設は、どこを利用するかによって費用負担が違います

療育を受ける場合、児童発達支援事業所や児童発達支援センターなど、児童福祉法に基づいた療育の自己負担は、１カ月数千円程度ですむケースが多いようです。「障害福祉サービス受給者証」の申請が必要ですが、療育手帳や正式な診断名は不要です。それ以外の民間の療育施設や個別の療育を受ける場合には、全額自己負担になります。

## 自治体による相談やアドバイスは原則無料。医療機関は保険が適用されます

自治体の窓口（保健所、保健センター、児童発達支援センターなど）で発達相談などを受ける場合、原則として費用はかかりません。医療機関で相談・診察を受ける場合には受診料がかかりますが、医療保険が適用されるので、乳幼児の場合は無料の自治体も多いはず。医療機関によっては最初の発達検査に保険がきかず、自費診療となることもあるので事前に確認を。

## 公的な援助制度があります

【特別支援教育就学奨励費】特別支援学校・学級で学ぶ際に、給食費、通学費、修学旅行費、教科書費などの教育関係経費が補助される。【特別児童扶養手当】障害を持つ子どものいる家庭に支給される。【自立支援医療制度】障害のある人が継続的に医療機関を受診する場合、１割負担で受診できる。【療育手帳】知的障害がある場合に発行され、さまざまな支援が受けられる。療育手帳がもらえなくても、「精神障害者保健福祉手帳」が受け取れると、公共料金割引きなどの支援が受けられる。

# 自閉スペクトラム症の特性とかかわり方

スペクトラムとは連続体のこと。
知的な遅れの有無、言葉の発達の有無などで境界線を引かず、
自閉的傾向のある障害を広くとらえたのが、自閉スペクトラム症という分類です。
アメリカ精神医学会の診断基準が改訂されたのに伴い、新たに提唱されました。

# 同じ「自閉スペクトラム症」でも症状には差があります

## アスペルガー症候群など自閉症の仲間が統合

「アスペルガー症候群」や「高機能自閉症」といった言葉をご存じのかたは多いと思いますが、現在、これらの診断名は「自閉スペクトラム症」に含まれるとされるようになってきています。

自閉的な特性がある場合の分類は、これまでは自閉症のうち知的障害がないものを「高機能自閉症」、そして言葉の遅れが目立たず対人関係の問題や興味行動に偏りのあるものを「アスペルガー症候群」と呼んでいました。また、それらを含む集合体は「広汎性発達障害」と定義されていました。

しかし2013年、精神疾患の国際的な診断基準となっているアメリカの「DSM」という手引書（P32参照）の大幅な改訂が行われ、広汎性発達障害という分類は消え、病名としてのアスペルガー症候群も掲載されなくなりました。そして、「人とのコミュニケーションが苦手で、強いこだわりがある」という特性を持つ人たちは、「自閉スペクトラム症」または「自閉症スペクトラム障害（ASD）」という診断名に統合されたのです（本書では「自閉スペクトラム症」と表記）。

「知的発達の遅れがあるかどうかは重要ではないの？」と思う人がいるかもしれません。しかし、自閉スペクトラム症の人を支援する方法の基本的な考え方は同じです。

本人が「生きづらい」『困った」と感じている特性は、知的障害があるかどうかには関係がありません。たとえば、言葉が話せれば程度は軽いと思うかもしれませんが、生きづらさの重症度は知的なものだけでは測れません。言葉が話せ、勉強にもついていけるためにむしろ周囲の理解を得にくく、適切な支援を受けられないケースもあるのです。

### 自閉スペクトラム症の範囲は広い

スペクトラムとは「連続体」の意味。「アスペルガー症候群」「高機能自閉症」といったこまぎれの分類をやめ、自閉的な特性を持つ人を広くとらえます。そのため、知的障害の有無、言葉の発達の程度により、あらわれてくる症状にはかなりの違いが出てきます。

## よく目立つ特性があります

### 1 人とのかかわりやスムーズなコミュニケーションが苦手

P34～42

喜怒哀楽の表現に乏しく、ほかの人の感情にも無関心。相手の微妙な表情やあいまいな表現がなかなか理解できません。人の話が耳に入らない、自分の気持ちを言葉で伝えるのが苦手、相手の意図が理解しにくいといった特性もあるので、人間関係をつくることが難しくなります。

### 2 感覚がアンバランス

P43～44

特定の光や音、におい、肌ざわりなどに過敏に反応することがあります。特定の洋服の肌ざわりをイヤがる、突然頭をなでられてパニックになる、などということも。逆に、ケガをしていても痛がらない、真冬でも半袖で平気など、感覚がひどく鈍い場合も。

### 3 こだわりが強い

P45～49

毎日判で押したように同じ行動をとる、好きな趣味にとことんのめり込む、急に予定外の行動を求められるとパニックになる、１つの動きを飽きずに繰り返すなど、強いこだわりを見せる特性があります。こだわりの内容は、人それぞれ違います。

自閉スペクトラム症

# 診断の目安になる基準があります

## ―アメリカ精神医学会診断基準第５版―

### 自閉スペクトラム症と内気な子をどう見きわめる？

おとなしくて、お友だちと遊ぶのは苦手。言葉が出るのもほかの子より遅かった。保育園にお迎えに行くと、いつも一人遊びをしている――そんな様子の子どもが、単なる内気な子なのか、自閉スペクトラム症なのかを、親が見きわめるのはなかなか難しいものです。

専門医にかかってもすぐに診断が出ないのは珍しいことではなく、「気になるところはあるが、しばらく様子を見ましょう」と言われて継続的な受診をすすめられることもあるでしょう。

自閉スペクトラム症かどうかを診断するための基準はいくつかありますが、国際的に広く使われているのがＤＳＭという指標です。

### 国際的な指標は２０１３年に改訂されています

ＤＳＭは、Diagnostic and Statistical Manual of Mental Disorders（精神障害／疾患の診断と統計マニュアル）の略。アメリカ精神医学会が出している書籍です。１９５２年の初版以来、改訂が重ねられ、現在は第5版（ＤＳＭ-5）が出ています。

ＤＳＭ-5にある自閉スペクトラム症の診断基準を、かみくだいてまとめたのが左ページのチャートです。ポイントは、1の項目のすべて（3項目）と2の項目の2つ以上が同時に当てはまるということ。どちらかだけが当てはまるとか、当てはまる項目の数が足りない場合は、何かほかの問題を抱えている可能性はありますが、自閉スペクトラム症とは診断されません。

ＤＳＭ5は２０１３年に出ましたが、その前の19年間は、ＤＳＭ4が指標となっていました。ＤＳＭ4にあったアスペルガー症候群や高機能自閉症といった分類、ＤＳＭ5ではすべて「自閉スペクトラム症」に含まれています。

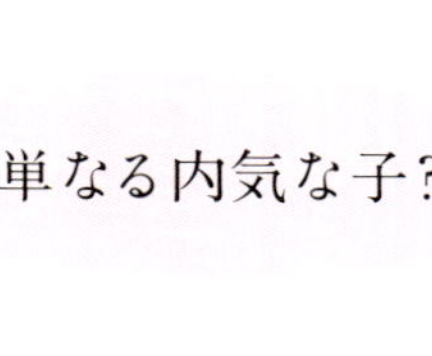

# 自閉スペクトラム症の診断基準（DSM-5による）

※１のすべてを満たしているとともに、２の２つ以上に当てはまる項目があることが診断の目安です。

## 1 人とのかかわり方、コミュニケーションに問題がある

**以下のすべてを満たす**

- 他者との情緒的な相互関係が築けない。たとえば、人の気持ちをくみとれない、感情の共有ができず会話がかみ合わない、人と適切な距離感が持てない、など
- 非言語的コミュニケーションができない。たとえば表情やアイコンタクト、ボディランゲージが理解できない・使えない、など
- 人間関係の発展・維持・理解ができない。たとえば、年齢相応の友人関係が築けない、人への関心が薄い、など

＋

## 2 反復行動や特定のものへの強い興味、こだわりを見せる

**以下の２つ以上に当てはまる**

- 同じ動作を繰り返す、聞かれたことにオウム返しする、特定のものを並べるなど常同的・反復的な行動や行為をする
- 変化を非常にきらい、習慣やパターンに過度にこだわる
- きわめて限定的なもの、普通ではないものへの強い執着や興味がある
- やたらとものにおいをかぐ、痛みに無反応など、感覚がとても過敏、あるいはとても鈍感

**加えて**

## 3 幼児期早期からこうした様子が見られる

## 4 社会生活、職業遂行などに明らかに障害となる症状である

## 5 知的障害や全体的な発達の遅れでは説明できない

特性１
人とのかかわりやスムーズなコミュニケーションが苦手

# 喜怒哀楽の感情をあまり表現しない

## 泣く、笑うが少ないので愛着が薄いように感じる

まだ言葉を話せない赤ちゃんは、泣いたり笑ったりすることで身近な人に思いを伝えます。おむつがぬれれば泣き、おなかがすいたと泣き、眠いと泣く。そんな時に、「あらあら、どうしたの？」とかけ寄ってきて世話をしてくれる人（たとえばママ）に対し、赤ちゃんは全幅の信頼を寄せるのです。ママにはとびきりの笑顔を見せるようになり、いなくなると泣き、あとを追いかけるようになります。これを「愛着行動」といい、母子などの間で築かれる深い信頼関係に基づくつながりを「愛着」といいます。

ところが、自閉スペクトラム症の子にはこうした行動があまり見られません。おむつがぬれても、おなかがすいても、あまり泣きません。人見知りやあと追いもしません。「赤ちゃんのころは育てやすい子だと思っていました」『手がかからなかった』という親は多いものです。

それは彼らが、「人」に対する関心があまり強くないからかもしれません。一人で部屋にいても泣いたりせず、親がいてもいなくても反応はあまり変わらない。愛着行動も起きにくい傾向があります。そのため、親子の愛着が築きにくいと感じられることもあります。

## 感情の表現方法がわからず問題行動に

人の感情は、喜怒哀楽の表情で伝わることが多いものです。自閉スペクトラム症の子は、それが上手にできません。怒り、悲しみ、喜び、恐怖などを感じないわけではないのですが、悲しい場面でニヤニヤ笑ってしまったり、うれしいはずなのに不機嫌な表情をしたり、感情と表情がかみ合わないことがあります。

また、自閉スペクトラム症の子は時に、自分や他人を傷つける行為をすることがあります。そういった行為は、自分の気持ちの表現の仕方がうまくいかない時に起きやすいのです。

**こんな傾向も**

- あまり泣かない
- 手がかからずおとなしい
- 笑わない
- 目を合わせない
- 部屋の隅でじっとしている
- 一人でほうっておかれてもさびしがらない

特性1
人とのかかわりやスムーズなコミュニケーションが苦手

# マイペースに行動する

## 人に興味がなく自分のペースで遊ぶ

自閉スペクトラム症の傾向がある人は、大人でも子どもでも「マイペース」といわれることが多いものです。その理由はいくつかあります。

1つには、他者の言動やその意思にあまり興味を示さないためです。3～4才になると友だちをつくり、集団遊びを始めるものですが、自閉スペクトラム症の子の場合は集団遊びよりも、自分の好きな遊びに一人で黙々ととり組むことが多いのです。そして周囲が片づけ始めてもおかまいなしに遊びを続けたりするので、「マイペース」といわれるのです。

言葉の発達に遅れのない子だと、友だちとかかわるのが好きな子もいます。でも、そのかかわり方はやはり「マイペース」です。自分の話したいことだけを話し、一方で興味がなくなると勝手に会話をやめてしまうので、自分勝手な子と思われることがあるかもしれません。

同年代の子ではなく、大人と話したがる子も少なくありません。大人のほうが自分のペースに合わせて会話してくれるので、話しやすいからです。

また、見知らぬ人に平気で話しかけていく子もいます。相手との関係性に関心が薄く、だれ彼なく親しい人のように話しかけてしまいます。人なつっこく見えますが、相手の表情やしぐさで状況が読めないので、忙しくしている人に長々と自分の今の状況を話すなど、「ちょっと迷惑」な行動をとることもあります。

## 見えないルールがわからず場違いな行動に

また、「なんとなく決まっているルール」を堂々と破るので、「マイペース」といわれることもあります。私たちは特に教えられなくても、レストランで厨房に入り込んだり、レジにふれたりはしません。無意識のうちに自分の領域と他者の領域を判断し、「見えないライン」を踏み越えないようにしているのです。しかし、自閉スペクトラム症の子には、「見えないライン」が理解できません。そのため、他人の領域に無自覚に入り込むのです。

小学生になると、授業の途中で教室を出ていってしまう、などということも起こります。それも「見えないライン」を意識できない特性からくるものです。

ただし彼らは、「これがルールだよ」と示されれば、きちんと守れます。「常識だから、わかっているだろう」ではなく、1つずつ、ていねいに教えてあげることが大事なのです。

**こんな傾向も**

- 抱っこや手をつなぐのをイヤがる
- おもちゃを友だちに見せたりすることがない
- 人見知りをせず、初対面の人とも平気で話す
- 同年代より大人との会話を好む
- 自分の言いたいことだけを言う
- 遊んでいてもマイペースがくずされると途中で抜けてしまう

特性１
人とのかかわりやスムーズなコミュニケーションが苦手

# 人の気持ちが読みとれない／「暗黙の了解」が理解できない

## 表情やしぐさから意思を読みとれない

人間は、感情の多くの部分を言葉以外の方法で伝えています。特に日本人はストレートな拒絶をきらうので、「あなたの行動は不快です」ということを伝えるために、「眉をひそめる」「声のトーンを下げる」「無言になる」「その場を離れる」などの方法をとる傾向があります。子どものうちは直接的な表現をしていても、思春期に入るころには、表情で伝えることが普通になってきます。

自閉スペクトラム症の子は、喜怒哀楽の表現をあまりしないと前に述べましたが、ほかの人の喜怒哀楽の表情を読みとることも苦手です。また、人は表情で感情を表現している、ということにも気づきません。そのため相手が迷惑そうな顔をしているのに、おかまいなく話し続けたりするのです。「首を横に振ったらＮＯ」「ニコニコしたらＯＫ」など、日常でよく使われるボディランゲージも、ちゃんとその意味を教えないと、彼らは「察知」することがとても苦手です。

## ストレートな物言いで相手を不快にさせることも

感情の理解が難しいということは、「こうすれば人を怒らせる」「傷つけてしまう」ということにも気持ちが及びにくいということです。

たとえば、私たちは日常生活の中で、「善意のウソ」をたくさんついています。相手の着ている服が「似合わないなぁ」と思っても、よほど親しい関係でなければ口には出しません。それは相手を不快にしない配慮であり思いやりであるというのが、暗黙のルールです。しかし、自閉スペクトラム症の子は正直です。「きみみたいに太っている人がその服を着ると、よけいに太って見えるよ」などとはっきり言ってしまいます。相手がムッとした表情をしても、その人を傷つけたことに気がつきません。

思ったことを全部言わない、気持ちは表情や口調やしぐさでそれとなく伝える……そんな遠回しな表現が「暗黙の了解」になっていく大人の社会の中では、自閉スペクトラム症の人はどうしても生きにくさが増してしまいます。

自閉スペクトラム症であっても、成長に伴い、自分が相手にイヤがられていることには気がつきます。でも、なぜそう思われるのか、自分のどこが相手をイラつかせているのかという理由には、なかなか思い至らないのです。

**こんな傾向も**

- 身ぶり手ぶりなどのボディランゲージをほとんどしない
- 自分勝手でわがまま、と言われる

# 表情や身ぶり手ぶりから「空気」を読むことが苦手

## 表情

### 目や口などの動きで喜びや怒りを表していることがわからない

・表情の変化が読みとれない
・笑顔を向けられても笑顔を返さない
・相手が怒っても気がつかない

## 口調

### 口調から相手の気持ちを察することができない

・やさしく話しているのにこわがる
・大声で怒られても平然としている
・言葉のニュアンスを理解しにくい

## しぐさ

### 首を縦横にふったりする身ぶりを理解できない

・自分も身ぶり手ぶりを使わない
・悲しそうな顔の人を見ても意味を理解せず、無視する

特性１
人とのかかわりやスムーズなコミュニケーションが苦手

# 言葉の発達に遅れがある

## 2才過ぎても意味のある言葉が出てこない

知的な遅れを伴う自閉スペクトラム症の子の場合、多くのケースで言葉の遅れが見られます。また、知的な遅れがなくても、なかなか言葉の出ないことが少なくありません。2才になっても「ママ、パパ」と呼ばない、そのほかの単語もまったく出てこないようなら、言葉が遅れていると判断していいでしょう。

なかには、初めて発した言葉が「日経平均株価」だった、などという子もいます。これは、「日経平均株価」の意味を理解しているわけではなく、たまたま耳にした単語を覚えて口にしているだけのようです。「ごはん食べようね」と言うと、「ごはん食べようね」と返す「オウム返し」も、よく見られます。質問を理解しているのではなく、相手の言った言葉をまるごと覚えて、それを口に出している状態なので、「会話をする」のは苦手なのです。

## 言葉が出なくても心の中には思いが渦巻く

自閉スペクトラム症の子ども達が言葉を適切に用いることができない原因はよくわかっていません。ただ、全く話さないケースから、言葉の用い方や話し言葉に独特の特徴を持つケースまで、多かれ少なかれ何らかの言葉の問題が生じます。

言葉が出ず、表情にもあらわれにくいと、「何も考えていない」と思いがちです。しかし、彼らはたくさんの情報をキャッチし、それらをむしろ過剰にインプットしています。言葉や表情というアウトプットがうまくできないため、彼らの心の中には、さまざまな思いが出口を見つけられずにいます。そのつらさは、自閉症の人が大人になって書いた本などに詳しく書かれています。彼らの内面は非常に豊かで、独特の感性があります。「何も言わないから何もわからないのだ」『伝えたい欲求もないのだ」と決めつけるのは大間違いです。



**こんな傾向も**

- 1才の終わりごろにいくつか言葉を発して以降、まったく話さない
- 単語は発するが人と会話にならない。その場にまったく関係のないことをしゃべる

特性１
人とのかかわりやスムーズなコミュニケーションが苦手

# 言葉の発達に偏りがある

## 言葉の遅れがなくても会話は苦手

自閉スペクトラム症で言葉の遅れがない子もいますが、だからといってコミュニケーションが上手かというと、そうではありません。彼らの会話の仕方には、いくつかの特徴があります。

**①一方的に話す**

好きな電車や、恐竜の絵の話など、相手がその話題に興味があるかないかにおかまいなく、一方的に話し続けます。また、相手が話し始めても、その話題に興味がなければ反応しません。相手の話をくみとったうえで自分の考えを伝えることができないので、議論はかみ合わず、一方通行の会話になりがちです。

**②独特の大人びた口調**

年齢にそぐわない大人びた話し方をしたり、こまかな部分を一切省略しないで長々と話したり、という傾向があります。お天気キャスターのせりふを流暢に話す子もいますが、話している内容を本当に理解しているとは限りません。

**③表現が直接的**

P36で述べたように、「遠回しに言う」という感覚がないので、思ったことをストレートに表現します。家に友だちを呼んで遊んでいたのに、見たいテレビ番組が始まると「もう帰って」と言ってしまう、などということがよくあります。

**④「聞きとる」ことが苦手**

相手の話を聞いて理解することが苦手です。人の話し言葉そのものを、不快な音として感じることもあります。

このように、たとえ言葉の発達に遅れがなくても、決してコミュニケーションがうまくいっているという状態ではありません。しかし、自分でそのことに気がつかないので、じゃまにされたりからかわれたりして、大きなストレスを感じることになるのです。

**こんな傾向も**

- 年齢にしては難しい言葉を知っている
- 大人びた話し方をする
- 会話がかみ合わない。会話のキャッチボールができない

特性１

人とのかかわりやスムーズなコミュニケーションが苦手

# 代名詞や、言葉に込められた複数の意味が理解できない

## 「そこ」はどこ？　具体的に言われないと理解できない

私たちはよく「そこ」『それ』『あれ』「こっち」などといった代名詞を使いますが、これは推察する力が求められる言葉です。「そこ」という言葉そのものには具体性がありませんから、前後の文脈や、相手の視線、身ぶりや手ぶりなどから「ああ、この部分のことか」と察知する必要があります。しかし、自閉スペクトラム症の子にとっては、それはとても難しいことなのです。

「そこにハサミがあるからとってくれる？」と言われても、「そこ」がどこなのかがわかりません。「ほら、あそこよ」と指をさしても、指先で場所を示しているというサインが読みとれず、指の先を見ることができない子もいます。代名詞を使うのではなく、「棚の上にあるハサミをとってきて」と具体的な場所を言えば、きちんとハサミのある場所に向かうことができるのです。

## 「元気？」と聞かれて「風邪はひいていません」

成長するに従い、言葉のやりとりはより複雑に変化していきます。たとえば、あいさつがわりに「元気だった？」などと言いますね。「うん！」と答えておしまいですが、自閉スペクトラム症の子は、「元気だったかな。風邪はひいてないよ」などと、大まじめに答えます。

「おまえ、空気が読めないなぁ」と言われると、「空気は読むものじゃなくて、吸うものだよ」と言って、その場をしらけさせてしまうこともあります。

私たちは無意識のうちに、言葉の持つ多面性を利用して会話しています。「元気」という言葉の使われ方はたった１つではなく、「健康な状態」という意味で使ったり、「こんにちは」のようなあいさつの意味を込めて使ったりします。しかし、自閉スペクトラム症の子たちの言葉は、常に１対１の対応です。「元気」＝「病気ではない」と思っている子は、この言葉を「こんにちは」のかわりに使われると、混乱してしまうのです。

## 皮肉を言ってもピンとこない

皮肉やジョークなども、自閉スペクトラム症の子には理解しにくいものです。たとえば洋服を間違えて裏表逆に着ていたとします。それを見た友だちに「お前、オシャレだなぁ」と言われても、からかわれている、皮肉を言われているとは思いません。「そうか、これがオシャレなのか」と素直に思うのが自閉スペクトラム症の子です。言葉が逆の意味で使われているとは思いもしないのです。

**こんな傾向も**

- 「そんなことをしてはダメ」と言われても、「そんなこと」が何をさすのかがわからない
- 暗示、皮肉、冗談などが理解できない

特性1
人とのかかわりやスムーズなコミュニケーションが苦手

# あいまいな言葉や、省略された言葉が理解できない

## 「あなたは?」に続く言葉の省略に気づかない

私たちは、言葉を省略して話すことも多いものです。

たとえば、何人かに学年を聞いたとします。最初の子に「あなたは何年生?」と質問すると「3年生です」。次の子に「あなたは?」と聞くと、「4年生です」と答えました。次に自閉スペクトラム症の子に「あなたは?」と聞くと、その子はしばらく考えてから「私は鈴木花子です」と答えたのです。

最初の子が「あなたは何年生?」と聞かれたら、次の子はたとえ「何年生?」が省略されていても、「自分も学年を聞かれているのだ」と推察します。しかし、自閉スペクトラム症の子はその推察ができないのです。

## 「ちゃんとして」ではなく「背中をまっすぐに」

「ちゃんと」は、自閉スペクトラム症の子にはとてもわかりにくい言葉です。「ちゃんと座りなさい」は、「いすに座って背筋をピンと伸ばし、手はグーにしてひざの上」といった意味ですが、そこまで具体的に言わなければ伝わりません。

「片づけなさい」もよく使いますが、これも難しい。部屋にはおもちゃも紙くずも洋服も落ちているし、ずっとあるものも、さっき出したものもあります。このうちの何をどう片づければいいのか、判断するのは至難の業なのです。

「何やってるの⁉」と言われても、叱られているとは思わず、「ゲームです」と正直に言う子もいます。彼らの特性を知らないと、言われた人は「バカにされている」と感じるかもしれませんが、彼らは聞かれたことに素直に答えているだけなのです。

言葉を定義どおりにとらえがちでもあります。忙しい時に「猫の手もかりたい」と言うと、猫を連れてきかねません。ただし、これが慣用句だとわかると、以後は意味を理解できるようになります。

自閉スペクトラム症の子は、耳で聞いた言葉を頭の中で画像にして理解するのではないかといわれます。「ちゃんと」などの表現は具体的な像が浮かびにくいし、「猫の手もかりたい」と聞けば別なイメージが浮かんでしまいます。

**こんな傾向も**

「きちんと片づけて」と言われても、どうすればいいのかわからない

特性1
人とのかかわりやスムーズなコミュニケーションが苦手

# 必要以上に被害者意識を持ってしまう

## 言葉の遅れがない場合、理解されないつらさがある

自閉スペクトラム症の子は、コミュニケーションにズレや違和感を抱いていることがしばしばあります。周囲の人の言動を、独特のとらえ方で感じていることもあります。自分の言いたいことが正しく伝わらないこともよくあり、その特性や言動から周囲に偏見を持って見られることがあります。

小学校高学年ぐらいになると、同年代の友だちから浮いてしまったり、遊びに加えてもらえなかったりすることが増えてきます。いじわるをされることがあるかもしれません。特に、知的な発達や言葉の発達に遅れのない「アスペルガー症候群」と呼ばれていたタイプの子には、この傾向が見られます。

言葉は通じるし、知的な遅れもないために、周囲の人は少し変わった行動や反応を自閉スペクトラム症の特性によるものだとは思いません。大人は「行動を変えるだろう」という思いで、時に強い言葉や大きな声で叱ってしまうこともあります。

## 周囲の人が特性を理解して接する

しかし、本人はあくまで感じたままにふるまっているだけなのですから、なぜ叱られているのかわかりません。「ダメ」「違う」『おかしい』『いいかげんにしなさい』などと言われても、実際にはどうすればいいのか、途方に暮れてしまいます。

こういうことが続くと、「みんなは自分のことがきらいなのだ」という被害者意識が強くなっていきます。「どうせうまくいかない」『何を言ってもムダなのだ』と後ろ向きに考えてしまうようになるのです。これはもともとの特性というよりは、二次障害といえるでしょう。

このような状況が改善されないまま思春期に入ると、学校になじめず、不登校になる子も出てきます。なかには強迫や被害妄想などの精神的な症状が出てしまう人もいます。せっかく就職したのに職場の人間関係になじめず、職場を転々とするという例も珍しくはありません。

知的能力が高い子、言葉が流暢（りゅうちょう）な子には被害者意識や自己否定の思いが強くなりがちです。周囲の理解で、できるだけストレスが少なく暮らせるよう支援していきたいものです。

こんな傾向も

「ダメ」「いけない」といった否定的な言葉に強く反応する。命令的な言い方に敏感

特性２
感覚がアンバランス

# 聴覚のアンバランスさがよく見られる

## 五感が過敏すぎる一方で鈍い一面もある

私たちは五感を通じて、さまざまな情報を得ています。五感とは、見る（視覚）、さわる（触覚）、聞く（聴覚）、味わう（味覚）、かぐ（嗅覚）の５つの感覚のことです。自閉スペクトラム症の子は、その「感じ方」や「反応」に偏りがあります。普通なら気にならないような音やにおいに敏感すぎる、あるいは逆に、ひどく鈍感ということがあるのです。

その中でも代表的なものは、聴覚のアンバランスさです。

だれでも大きな音を聞くとビクッとするものですが、音に対して過敏な特性を持っている子の場合、大声で話しかけられたりすると、怒られたと感じてパニックになってしまうことがあります。

赤ちゃんの時代だと、風の音が聞こえただけで泣き出したり、別の赤ちゃんの泣き声を聞いてそれ以上に激しく泣いたりすることがあります。

特定の音に激しい拒絶反応を見せることもあります。たとえば、リコーダーのピーッという音や、ピアノの音、消防車のサイレンの音など、総じて高く響く音、大きな音が苦手です。ピストルの音が苦痛で、恐怖のあまり耳をふさいでしまい、運動会に参加できない子もいます。

いろいろな音がまざり合った状態が苦手な子もいます。スーパーで音楽と話し言葉がまじったガヤガヤした音に包まれると、強い不快感を覚えることがあります。休み時間に教室がガヤガヤしているというだけで怒り出し、ケンカになったケースもあります。

その一方で、多くの人がイヤがる「黒板やガラスを爪で引っかく音」「マイクのキーンという音」などには無反応、ということもあるのです。

## 音の情報をより分け、分類することができない

非常に敏感な聴覚を持つ半面、必要な音を優先的にキャッチするのは不得意です。

私たちの耳はある意味鈍感で、さまざまな音の中から「この音は必要だ」と認識すると、それ以外の音は気にならなくなります。しかし、自閉スペクトラム症の子の耳には、ノイズも同レベルで入り込んでくることがあります。前述した「スーパーの店内」では、「雑音」を受け流すことができず、最終的にパニックを起こしてしまうこともあるのです。

ストレスを感じている時ほど聴覚が過敏になり、なにげない普通のおしゃべりさえカンにさわることがあるようです。

こんな傾向も
だれもが「美しい」と感じる音をイヤがる。
だれもが不快と感じる音に無反応

特性2
感覚がアンバランス

# 視覚・触覚・味覚などへの反応がアンバランス

## 五感の受け止め方に独特の個性がある

聴覚以外の五感に対しても、自閉スペクトラム症の子は過敏な反応を示します。

①視覚的な過敏さ

光の刺激に敏感な子は多いものです。木漏れ日や電飾などのチラチラ光るものが気になってしかたがない子、白い紙と黒い文字とのコントラストが強すぎて教科書が読めない子、理髪店の看板などクルクル回るものをいつまでも飽きずに見つめている子、などもいます。

②触覚的な過敏さ

抱っこされたり、頭をなでられたりすることをイヤがる子もいます。泣きやまないと思ったら、洋服の背中についているタグが不快だったとか、ズボンの縫い目が刺激になっていたということも珍しくありません。「圧覚過敏」といって、やさしく抱きしめられただけでも強烈な圧迫感と恐怖を感じる子もいます。

③味覚の過敏さ

自閉スペクトラム症の子には激しい偏食の子が少なくありません。濃い味つけのものが食べられなかったり、歯ざわりの悪いものは吐き出してしまったり。気に入ったものだけを何週間も食べ続けるということもあります。

④嗅覚の過敏さ

特定のにおいに拒絶反応を示す子もいます。たとえば給食や弁当のように、いくつかがまじり合ったにおいを不快に感じる場合があります。逆に、自分の指先のにおいや、枕のにおいなど、気になるにおいに執着してずっとかぎ続ける子もいます。

## 真夏にセーターを着ても平気な顔

これほどまでに敏感であるにもかかわらず、驚くほど鈍感な側面もあります。暑さや寒さに鈍感で、真夏に平気な顔でセーターを着ていたり、真冬にランニングシャツで走っていたり。痛みに対する反応が鈍く、ひどいむし歯なのに痛がらなかったり、ひざをすりむいて血が出ているのに無反応だったりするケースもあります。

こんな傾向も

- 肩にふれられたり頭をなでられたりするのをイヤがる
- 身の回りのものや人のにおいをなんでもかぐ
- ところかまわずなめる
- 厚さ寒さに鈍感で、夏でも冬着を平気で着る
- 自転車に足をひかれても気づかない

特性３
こだわりが強い

# 突然パニックに陥ることがある

## 恐れや苦痛がピークになるとパニックに

自閉スペクトラム症の子は、泣きわめいたり、怒り出したり、パニックに陥ったりしやすい傾向があります。一度かんしゃくを起こすと、なかなか止めることができません。

自閉傾向のない子でも、かんしゃくを起こす子はいます。でもそれが起こるのは、気に入らないことや思いどおりにならないことがあった時です。

自閉スペクトラム症の子のかんしゃくが起きるのは、単に気に入らない時、思いどおりにならない時、ではありません。

・独特のこだわりがかなわない
・大きな音や強い光など、過敏な感覚を刺激されている
・人にかかわられたくないと思っているのに、かかわられた

などが背景にあり、周囲には突然かんしゃくを起こした、と映ることがあるかもしれません。

## 抱きしめられても落ち着かない

自閉傾向がない子のかんしゃくは、お母さんに抱きしめられたり、なだめられたりすることで落ち着いてきます。「わかってもらえた」ということが、安心感に結びつくのです。

しかし、自閉スペクトラム症の子は抱きしめられてもなだめられても、不安を解消することができません。それどころか、突然抱きしめられることに違和感を覚え、ますますパニックがひどくなってしまうこともあります。

自閉スペクトラム症の子は、混乱した気持ちを自分の力だけで処理していかなくてはいません。言葉で気持ちを表現したり、だれかの助けを求めたりすることが苦手な彼らにとって、泣き叫んで発散することしかできない場面があることを、わかってあげてください。

**こんな傾向も**
- 授業時間にトイレに行こうとして注意され、泣きわめきながら教室を駆け回る
- テレビできらいな番組が始まると、叫びながら暴れる

特性３

こだわりが強い

# 同じ行動をいつまでも／何度でも繰り返す

## 独特のこだわりの強さが自閉スペクトラム症の特性

「こだわり」とは、何か1つの物事に対して執着し、それを変えようとしないことです。だれでも多少のこだわりはありますが、それを本能的に最優先させるのが自閉スペクトラム症の特性といえるでしょう。

代表的なのは、同じ行動を繰り返すというものです。

上半身を前後に揺らす、コマのようにクルクル回る、目の前で手をひらひらさせる、ヒモを振り続けるなど、同じ行動や動作を飽きずに繰り返します。これを「常同行動」といいます。

水の感触を楽しむ子どもは、水道の蛇口をあけたままにして、指先で何十分も水をさわり続けます。ジャンプするのが好きな子は、ベッドやソファの上で何度も何度もジャンプしてやめようとしません。ドアを何度もあけ閉めする、同じ場所を行ったり来たりする、などもよく見られる行動です。

同じ行動を繰り返すのは、不安や緊張感をやわらげるための1つの方法だと考えられています。自閉スペクトラム症の子は、パターンが決まっていると安心します。「手をひらひらさせて気持ちを落ち着かせる」など、精神安定剤の役割があるようです。これを無理やりやめさせようとすると、強い不安感に襲われます。個性や趣味のひとつとして受け入れてあげたいものです。

## 収集することにもこだわりがある

強いこだわりは、「もの」への執着としてもあらわれます。牛乳瓶のふたや道端の石ころなど、他人が見たらささやかなものでも収集するのが好きです。気に入っているものをだれかにとられたりすると、金切り声を上げて奪い返します。電車やバスなどでは、何号車の何番目のいすに座ると決めていて、そこが空いていないとパニックになることもあります。

**こんな傾向も**

- 指をくねくねと動かしたり、体をくねらせたりする
- 家中の電気をつけたり消したりして回る
- おもちゃの車のタイヤを回し続ける
- タイヤのように回るものや、点滅する電球のついていないおもちゃには興味を示さない
- 水道の蛇口をあけて、流れる水にずっと手をふれている

特性3

こだわりが強い

# 普段と違うこと、予定外のことに対応できない

## 同じ道順でないと帰れなくなる

自閉スペクトラム症の子は、毎日判で押したように同じ行動をすることを好みます。同じ時間に起床し、同じ時間に家を出て、同じ道を通って学校に行くことで安心できるのです。

そのため、たとえばいつも通っている通学路が工事中で通れなかったりすると、その場で動けなくなってしまいます。ほかの道を通って帰ればいい、という考えは浮かびません。

また、いつもの時間に来るバスが、その日たまたま車体に装飾がしてあったりすると「このバスではない」と思い込んで、次のバスが来るまで待ち続けることもあります。

学校生活が始まると、進級時に大きなストレスを抱えることになります。この時期、教室がかわり、クラスのメンバーがかわり、担任の先生がかわります。これまで教室の後ろのロッカーに入れていた手提げバッグは廊下のフックにかけるようになるなど、クラスのルールも多少は変わります。

自閉スペクトラム症の子はこうした変化を受け入れられず、とまどうことが少なくありません。融通がきかないともいえます。

しかし彼らは、いったん習慣や日課になってしまえば、決していいかげんにやることはありません。「ゴミ出しはあなたにお願いね」と頼むと、「何曜日は何のゴミの日だ」と正確に覚えてちゃんとやります。ただ、ゴミを出す曜日が役所の都合で変わったりすると、混乱してしまうのです。

## 単純なこだわりではなく生きる支えでもある

私たちの多くは、パターン化された生活が続くと飽きてきます。だからこそサプライズや非日常がうれしく、それを楽しみ、気分転換しています。

しかし、自閉スペクトラム症の子が変化を楽しむことはありません。変化は不安でしかなく、不安が募ると、泣き叫んだり自分を傷つけたりすることさえあります。

実際の暮らしの中では、小さな変化や変更は日常茶飯事です。彼らはそのたびに、大きな不安や恐怖を感じているのです。彼らにとって、「いつもと変わらない」ということが、心穏やかに生きる支えでもあるということを、どうぞ理解してあげてください。

**こんな傾向も**

- 決まったコース以外の散歩をイヤがる
- 新学期にはそわそわして落ち着かない

特性3

こだわりが強い

# 融通性がなく、自分の規則を人に押しつけがち

## 1つのパターンを「正解」だと思い込む

臨機応変という言葉がありますが、私たちは意識的、無意識的に、状況に合わせて自分の行動を変えているものです。

たとえば同じシャツを着ていても、暑い日はボタンを1つはずして空気を入れて涼しくし、寒い日は上まで留めて風が入らないようにします。

ところが自閉スペクトラム症の子は、どんな時でもボタンはいちばん上まできっちり留めて着ています。それは、「シャツのボタンは上まで留めて着るのが正解」と理解しているからです。

そんな様子を「おかしいよ」とだれかに指摘されても、「何がおかしいの？」と不思議に思うばかりです。

こんな例もあります。家でカレーを食べる時は、必ずソースをかけて食べていた自閉スペクトラム症の子がいました。彼は、学校の給食でカレーが出た時に、「ソースがないと食べられない」と思い込み、パニックを起こしてしまいます。先生が職員室からソースを持ってくると、自分の分だけでなくほかの子にもかけてしまったのです。「かけないで」と言われても、「カレーにはソースをかけるもの」と主張します。このように、普段、自分がやっていることが正しく、それ以外は間違いだと思い込む傾向があります。

## ルールを柔軟に解釈することができない

また、「ルールは絶対」という意識も強いのです。原則は確かにそうなのですが、日常生活ではかなり柔軟に解釈されることもよくあります。

たとえば小学生の子の遊びの中にだれかの弟や妹が参加した場合、「じゃ、○○ちゃんは捕まっても鬼にならなくていいよ」という特別ルールをその場で決めたりします。でも、自閉スペクトラム症の子はそのルール変更に強い抵抗を示します。ルールはルールなのだから、小さいからといって鬼にならないのはよくない！と思ってしまうのです。こういう反応は、同年齢の子の目には「いじわる」『思いやりがない」と映ります。「そんなに自分が勝ちたいのか」と責められることもあります。しかし、彼らがこだわっているのは「ルールを守る」ということであって、思いやりやさしさとは別次元の問題なのです。

私たち大人は、「ルールを守ることは大事」と子どもに教育しています。だからこそ、「なぜルールにこだわることを責められるのか」を伝えるのはとても難しいことです。状況によってルールをどう受け止めればいいのか、ていねいに伝えていくほかはありません。

**こんな傾向も**

- 好きな服を毎日着続ける
- 好きなおもちゃを独占していつまでも遊び続ける
- きらいなこと、イヤなことは絶対にがまんしない

特性3 こだわりが強い

# 同時に2つ以上のことをするのが苦手

## 一度にできるのは1つのことだけ

私たちは普段、あまり意識することなく2つ以上の行動を同時にこなしています。電話で話しながらメモをとるとか、先生の話を聞きながらノートをとるなど、特別苦労することはありません。

しかし、自閉スペクトラム症の子どもは、一度に複数のことをするのに大変なエネルギーを使います。電話の途中でメモをとろうとすると、話の内容が聞きとれなくなります。耳からの情報が入っている時には目からの情報が入りにくく、目からの情報に集中していると音が聞こえないのです。

指示が複数あることも、混乱のもとになります。先生に「スケッチブックと絵の具を持って、校庭にある銅像のところに集まってください」と言われると、スケッチブックと絵の具を用意することに集中してしまい、どこに集合するかがわからなくなってしまいます。

## 複数の動作を一度にする球技などが苦手

一度にいくつもの情報を処理する働きが弱いのも、自閉スペクトラム症の特性のひとつです。音楽に合わせて踊る（聞く＋動く）おゆうぎでは、立ち尽くしてしまったりします。運動が苦手な子も多いですね。

サッカーやバスケットボールがいい例ですが、ドリブルしながら走り、同時に周囲の動きを見て敵をかわし、味方が来そうな場所を予測してパスを出します。この複雑な動きは、同時総合機能のたまものです。あるいは跳び箱。助走をつけてジャンプし、跳び箱の奥に手をついて跳び越えます。脳と体のさまざまな部分を同時に使う運動なので、跳び箱が跳べない自閉スペクトラム症の子は少なくありません。

トランポリンは得意なのに、なぜか縄跳びができないという子もいます。縄跳びは手と足を同時に使う作業なので、それが難しいのです。自転車に乗る、逆上がりをするなども、ほかの子に比べて上達するのには時間がかかります。「運動音痴」とあきらめず、根気強く教えてあげてください。

**こんな傾向も**

- 「手拍子しながら歌う」「歌いながら踊る」のが苦手
- ボタンを留めたり、箸を使ったりするのが不器用

# 記憶力や空間認知力などにずば抜けた能力を持っていることも

## 自閉スペクトラム症は「劣った人」ではない

この本には、随所に「自閉スペクトラム症の子どもは○○が苦手です」「○○することができません」と書いてあります。読者に伝えやすい表現として使っていますが、これは非常に一面的な表現でもあります。正確に表現しようとすれば、「できない」「苦手」という言葉では説明しきれません。

自閉スペクトラム症の人の生きる世界は、大多数の人たちがつくり上げている世界にマッチしていません。さらに言うなら、今の日本は彼らの「できる」「得意」が生かされやすい社会でもありません。

『レインマン』という映画をご存じでしょうか。やり手の実業家である弟と、自閉症の兄との心の交流を描いた作品です。この兄は、ずば抜けた記憶力を備えた人物として描かれています。その記憶力を駆使してカジノで大勝する場面は、痛快そのものです。

現実にも、「分厚い電話帳を1冊覚えてしまった」「日本中の電車の名前を全部言える」「数十年分のカレンダーを暗記し、15年後の○月○日が何曜日かを言える」といった、超人的な能力を見せる自閉スペクトラム症の子は存在します。

自分が体験したことをよく覚えている子も多いです。「3年前の8月23日に京都に行って、夕立にあった」というように、過去の事実を驚くほどよく覚えていたりします。

しかし、この驚異的な記憶力はマイナスに働くこともあります。忘れたいことも忘れられないからです。中学生の時にいじめられた記憶が、大人になってもありありと思い出され、フラッシュバックに苦しむ人もいます。

人間は、記憶が薄らぐことで救われることがあります。自閉スペクトラム症のすぐれた記憶力は、時に自分を傷つける刃にもなるのです。

## 得意・不得意がはっきりしている

記憶力だけではありません。完成図がないのに複雑なジグソーパズルを仕上げてしまう子、パズルのピースを裏返したまま完成させてしまう子もいます。彼らは空間認知能力にすぐれているのです。

また、音楽や絵画の世界で才能を発揮して芸術家になる人や、規則性や法則性を見つけ出すことにすぐれ、著名な科学者になる人もいます。

得意・不得意がこのように極端になるのは、脳のつくりに関係があると考える人もいます。言語などにかかわる左脳の発達は遅いのですが、空間認知能力や音楽美術などの芸術分野をつかさどる右脳は優位に発達するため、このような特別な能力を発揮するのではないかと考える研究者もいるのです。

もちろん、すべての子が天才的であるわけではありません。しかし、興味のあることはとことん知りたい、覚えたいという特性はほぼ共通のものです。歴史博士、鉄道博士と呼ばれる子には、このような特性の子が少なくありません。「その能力を勉強に」と思ってしまいますが、興味がないものを覚えるのは苦痛なので、無理強いはできません。その子の興味を手がかりにして、経験や他者とのつながりを増やす機会にできるといいですね。

円周率を何けたも暗唱できる

難しい漢字を細部まで正確に書く

精密機械を分解して部品ごとに並べる

パズルのピースを裏返したまま完成させる

一度聞いた曲をすぐにピアノで演奏する

世界中の国名と国旗を覚えている

具体的、規則的、芸術的センスにずば抜けた能力を発揮することが

# ともに生きる すべきこと

自閉スペクトラム症にはあらわれやすい特性があり、
あらわれた特性が消えることはありません。
しかし、配慮のある育て方をすることで
社会によい形で適応できるようになるのです。

## 1 子どもには子どもの世界観があることを理解する

親がすべき最も大事なことは、自閉スペクトラム症独自の世界観を認め、理解しようとすることです。この子たちが「私たちの世界」に歩み寄ることは難しいうえに、彼らの世界観でこの社会を生き抜くのはとても大変なことです。その苦しさを理解し、彼らと「私たちの世界」の接点を見いだしてかけ橋になり、彼らが傷つきすぎずに生きる道を探すことこそ、親ができる最大のサポートです。

## 2 指示やしつけは具体的に。視覚に訴えるのも効果的

あいまいな表現は極力排除し、できるだけ具体的な、短い言葉で指示しましょう。いっぺんにいくつも言うのではなく、1つ伝え、それが終わったら次の指示を出すといいでしょう。耳から入る情報は抜けていきがちなので、必ず目線を合わせて話します。伝わりにくい場合には、紙に書いて見せるなど視覚に訴えるほうが、伝わりやすいこともよくあります。

Bくん
（自閉スペクトラム症）

適切な
かかわり方で、
時間はかかっても
確実に進歩します

特性に合わせた適切な支援をすることで、ゆっくりでも着実な発達が期待できます。定型発達の子が１年で到達するレベルに、３年、５年をかけて到達していきましょう。

# 自閉スペクトラム症を親ができること

## どなる、体罰は絶対にNO。好転することはありません

突然パニックを起こしたり、こだわりのせいで時間に遅れそうになったり、親にしてみればイライラさせられることも多いはずです。それでも、どなったりたたいたりは絶対にしてはいけません。彼らの不安感や恐怖心を助長するだけで、行動は何も改善されません。そして彼らは、親から受けたしうちや厳しい言葉を忘れることもできないのです。

## 進歩・発達はスモールステップで

「できること」を少しずつ増やすのは、どんな子を育てる場合でも同じです。ただし、自閉スペクトラム症の「少し」の段差は、とても小さいのです。「パンを食べられるようになるため、ごく少量を口に入れる」のはハードルが高すぎ。パンが見える食卓に慣れる→パンにさわれるようになる→口元に持っていけるようになる、がスモールステップのイメージです。

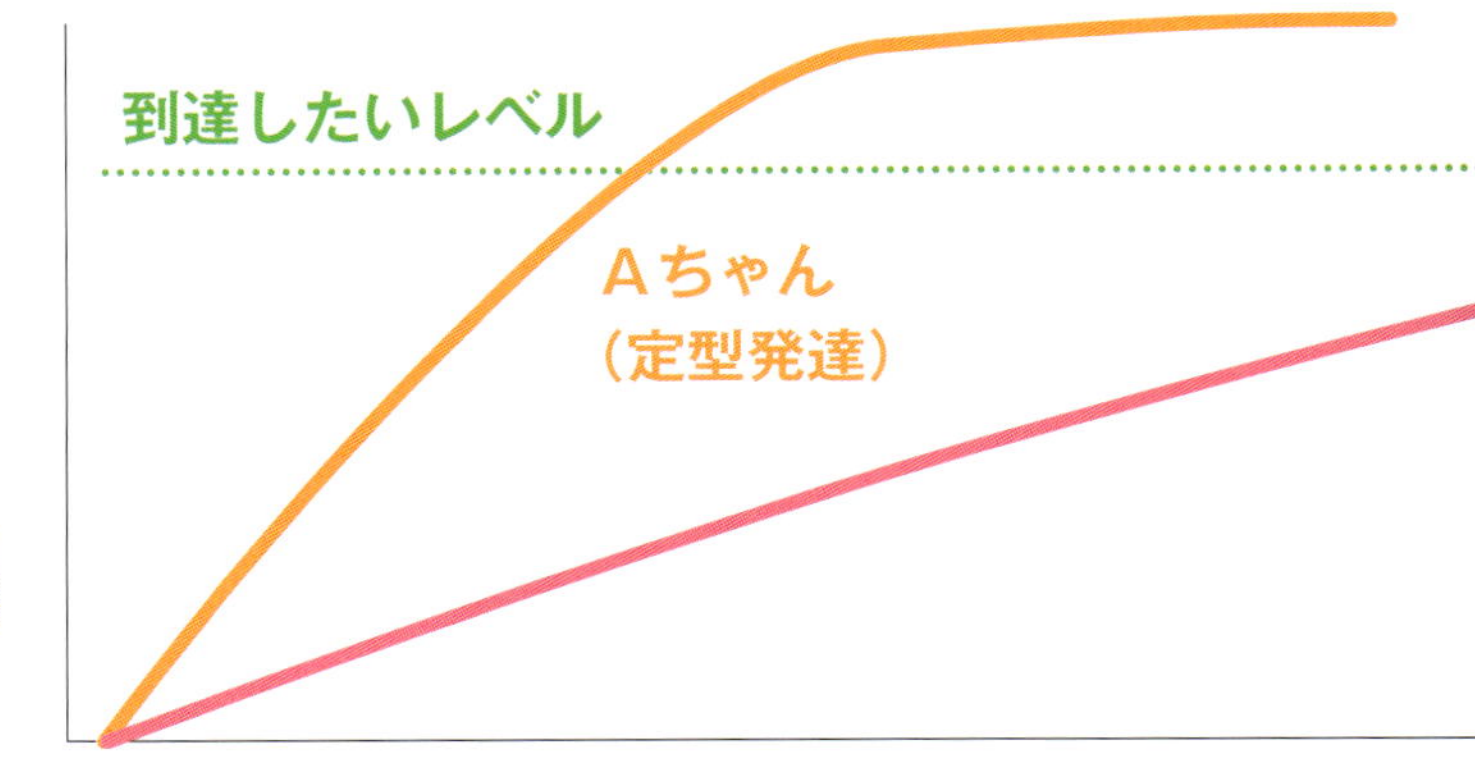

# 特性を直そうとするのではなく認めて理解する姿勢で

## 家庭での十分な支えによって日々の生きやすさが変わります

### 共感の「小さな窓」を日々あけていく気持ちで

私たち人間には、人と喜びを共有し合いたいという根本的な願望があります。目と目が合い、笑みをかわす時、その人のことが好きになり、その人に好かれている安心感を持つのです。「共感の窓」が開く瞬間、といえるかもしれません。

自閉スペクトラム症の子の「共感の窓」はとても小さく、とてもわかりづらくできています。家族に対しても目が合わなかったり、笑顔を向けなかったり、抱き寄せても拒絶したりするので、「この子との間に『窓』はないのではないか」と思うことがあるかもしれません。

でも、「窓」は必ずあります。同じやりとりを10回やっても20回やってもニコリともしなかった子が、21回目にふんわりと「笑顔のようなもの」を見せることがあるのです。そこを見のがさずに声をかけ、共感性を引き出していきましょう。

### わが子への理解が社会との「窓」も開く

そうしたことを積み重ねるうちに、だんだんその子が何をイヤがり、何を喜ぶのかがわかってきます。「掃除機の音がイヤそうだから、モップで掃除をしよう」とか、「手をひらひらさせているのは、落ち着きたいからなんだな」とか。そのような親の理解が、今度は「社会とつながる窓」を開くカギになります。

園や学校という集団生活の中で、子どもは不安や違和感を覚えながら過ごすことが多いはずです。「言葉の通じない異国で、地図も財布も持たずに迷子になったよう」と表現する人もいます。どれほど不安なのかがわかるたとえですね。

親は、そんなわが子の通訳兼ツアーコンダクターになりましょう。「これなら伝わる」という言葉や言い方を覚えて、ゆっくりと社会のルールやマナーを伝え

家族にもこんな対応をすることが

**目を合わせない**

話しかけているのに、笑顔を返すことも目を合わせることもない。実は、目を合わせないほうが話に集中できる。

**一人で遊ぶことを好む**

親やきょうだいと遊ぶよりも一人で遊ぶことが好き。遊びに集中すると親やきょうだいの存在が消えてしまう。

**同居していない祖父母をイヤがる**

同居していない祖父母や親戚にはなかなか慣れない。おもちゃなどをもらっても、おもちゃにしか興味を示さないことも。

ていきます。周囲の人たちには、わが子の言葉を通訳してあげてください。

本書には、そのためのさまざまなアドバイスを掲載しましたが、子どもの個性は千差万別です。わが子の反応を見ながら、やり方を変えていきましょう。

## パパやきょうだいのサポートも大切です

### きょうだいにも親の愛情を実感させて

自閉スペクトラム症の子どもにきょうだいがいる場合、どうしてもきょうだいにがまんさせることが増えがちです。ぜひ、「どの子も同じ。大好きだよ」とたびたび伝えてください。自閉傾向のないきょうだいには、目を合わせてニッコリするアイコンタクトだけでも、親のメッセージが伝わります。そして、自閉スペクトラム症の子が寝ている時などに、親子でゆっくり話をしたり遊んだりして、親の愛情を実感できるようにしてください。

きょうだいは成長につれて自閉スペクトラムを理解し、自分から進んで自閉スペクトラム症の子どもの世話をしたり、両親に協力したりすることも多いものです。ただしこの場合も、きょうだいが自己犠牲的にならないよう、注意が必要です。

「夫があまり協力的でない」というご家庭もありますね。このようなお父さんには、ぜひ毎日の子どもの生活を見せてあげてください。「子どもが療育施設でがんばって課題にとり組む様子を見てから、進んで参加するようになった」というケースも少なくありません。療育施設の中には、家族で相談や指導が受けられるプログラムを設けているところがあるので、ぜひ積極的に参加してみましょう。

自閉スペクトラム症の子どもを持つ「親の会」や「父親の会」も各地にありますので、家族や夫婦で参加してみるのもおすすめです。

### 家族みんなで理解を深めよう

家族みんなで理解を深めるためには、以下のような機関を利用してみましょう。情報の提供や、セミナーの開催もしています。

**（社）日本自閉症協会**

加盟団体である全国の協会には、「親の会」「父親の会」などがあります。

http://www.autism.or.jp/

**発達障害者支援センター**

各地の支援センターで研修会、セミナー、勉強会などを開催しています。

「直す」ではなく「理解し教える」

# 無理に友だちと遊ばせようとしなくてもよい

## 同世代の子との遊びに不安を感じることも

自閉スペクトラム症の子どもは、一般的に一人で遊ぶことが好きなのですが、友だちと遊びたいと思わないわけではありません。人と話すのが好きな子、人なつっこい子もいます。でも、コミュニケーションがうまくできないため、トラブルが起きてしまうことが多いのです。

特に小学校低学年くらいまでは周囲の子どもたちも幼く、ささいなケンカが起きやすい時期です。そうしたいざこざが負担で、同年代の子と遊ぶよりは、自分を理解してくれる（と思われる）大人と遊ぶほうを好む子もいます。

また、思春期になると、無理をして友だちをつくろうとがんばる子もいます。そのため、友だちの言うことにはなんでも従い、イヤなことをされても文句が言えないということもあります。

極端な例では、万引の手伝いをさせられたり、遊び半分で殴られたりというケースもあるので、注意が必要です。

## 一人でいられる場所と時間を見つけて

本人が「一人で遊びたい」と思っているのであれば、親が無理やり友だちをつくってあげようとする必要はありません。一人の時間にはぐくまれるものも、たくさんあります。大事なことは、本人がどんな人間関係を希望するかです。

ただし、一人でいることと孤立することとは別物ですので、家族や教師が見守る姿勢は欠かせません。

「スポーツを通じて仲間をつくってあげたい」と思うかたもいるでしょう。しかし、自閉スペクトラム症の子どもはサッカーや野球といった集団スポーツが苦手です。水泳や陸上競技など、自分のペースでできるもののほうが楽しめる子が多いようです。競技そのものは一人でやるけれど、同じスポーツを楽しむ仲間がいるという環境がおすすめです。

**好きな遊び**

- テレビゲーム
- パソコン
- テレビ・ビデオを見る
- 図鑑を読む
- パズルやブロック遊び
- 音楽鑑賞

**苦手な遊び**

- 球技などスポーツ全般
- 鬼ごっこ
- ままごと
- トランプなどの複雑なゲーム

# 学校内で子どもを理解してくれる人を、できるだけ多くつくろう

## 学校と家庭が共通認識を持つ

学校生活が始まると、親の目の届かないところで思わぬトラブルが発生することがあります。それでも低学年のうちは、トラブルの原因は比較的単純でわかりやすいものです。しかし年齢が上がるにつれて、もめ事は複雑になります。本人は困っていると言えず、不登校や暴力行為といった表現に訴えざるをえなくなってしまうこともあります。

そこに至らないようにするためには、本人の特性について、家庭と学校が共通認識を持つ必要があります。普通学級に所属している場合は特に、集団行動で迷惑をかけたり、突然パニックを起こして混乱させたりすることがあります。担任や特別支援教育コーディネーターの先生にわが子の特性について理解してもらい、家庭での様子と学校での様子をすり合わせる場を定期的に持ちたいものです。

学校でトラブルが起きたら、できるだけ早く対処しましょう。「次に同じことが起きた時にどうすべきか」を本人に伝えるのは、早いほうが効果的です。対処が遅れて感情的なしこりを残してしまうと、「学校に行きたくない」と思うようになる可能性もあります。

## 「落ち着ける居場所」を学校にもつくって

クラスメートにわが子の特性について伝えるかどうかは、悩むところかもしれません。親しい友だちに子どもの特性を理解できる範囲で伝え「苦手な遊びに誘わないで」「一人でいたい時もあるからそっとしておいて」などと伝えておくのもいいですね。

自閉スペクトラム症の子は、不安になったり、イヤなことがあったりすると、お気に入りの場所で一人になることを好みます。そんな場所が学校にあると安心感が持てます。保健室や図書室の先生に協力してもらい、「困ったらいつでもそこに行っていいんだよ」と教えてあげるといいですね。親はぜひ先生に、子どもの得意なこと・苦手なことを積極的に伝えていきましょう。

学校でのトラブルは
できるだけ早期解決を

**本人**
自分の特性を理解し、クラスメートとの関係を意識する

**家族**
子どもの特性から起きる問題を予測して、学校に協力を求める

**学校、クラスメート、保護者**
本人の特性を理解して協力する

# 「怒って終わり」ではなくわかるように教える

## ルールやマナーがわからないから守れない

自閉スペクトラム症の子は時々、「なぜそんなことをするの？」と驚くような行動をします。動いているバスの中でいきなり立ち上がる、病院の待合室で奇声を上げる、友だちの分まで給食を食べてしまう……。だれだってびっくりしますし、「常識がない」「しつけをしていない」という冷たい目で見られることもあります。親はついカーッとなり、どなってしまいたくなる場面です。でもそれは、社会のルールやマナーが理解できていないだけのことなのです。

あなたがたった一人で、日本とは文化も習慣もマナーもまったく違う、言葉の通じない外国を訪れたと想像してみてください。バスに乗ったら運転手に怒られました。レストランで食事をしようとしたら隣のテーブルの人たちににらまれました。でも、言葉がわからないから、何がいけないのか、何を怒られているのかがわかりません……。自閉スペクトラム症の子は、このような状況にいるということです。ルールやマナーをわざと破っているわけではなく、正しい行動ややり方がわからずにいるのです。

だから、叱らずていねいにルールを教えてあげてください。いったん「これはきまりだ」と理解できれば、律儀にそれを守る子たちなのです。

## 肯定的な表現を使ってすべきことを伝えよう

ルールやマナーを教える時に、気をつけてほしいことがあります。それは、「手で食べたらダメだろう！」「横入りはしないでね！」と否定的な言葉で叱って、それで終わりにしてしまわない、ということです。

大人は「ダメだといって怒れば、その行為をやめて正しい行動をするだろう」と期待します。しかし、実際にはどんな子でも（あるいは大人でも）、「怒り＋否定的な言葉」の指示では意図は伝わりにくいものです。自閉スペクトラム症であれば、なおさらです。

怒られるとまず、恐怖心が先に立ちます。相手の怒りに気をとられてしまい、話の内容にまったく注意が向かなくなるのです。自閉スペクトラム症の子は大きな声やマイナスイメージの言葉に拒絶反応を示す傾向が特に強いので、「こわい人に叱られてしまった」という印象しか残りません。場合によってはパニックに陥ります。

また、言葉の裏にある意味を理解する力が弱いので、「ダメ」とか「やめなさい」などと言われても、「では何をしたらいい

### 「とりあえず現状維持」と考える余裕も必要です

すぐにルールを理解し、守れるようにはなりません。「しつけがなっていない」と冷たい目を向けられることもあるかもしれません。イライラしそうになったら、これまでの成長を振り返り、できるようになったことを数えてみましょう。足踏みすることもあったけれど、着実に成長してきたはずです。「今は踊り場にいるのだ」と考え、現状維持もやむなしと割り切りましょう。少しのんびりとかまえ、余裕をとり戻して。

のか」まで考えることができません。

ルールやマナーを教える時のコツは、具体的にわかりやすく、どのように行動すればいいかを指示することです。「手で食べてはダメ」ではなく「スプーンで食べよう」、「横入りはダメ」ではなく「列のいちばん後ろに並びなさい」というように教えてあげましょう。

その際に、絵や文字を使ったカードをいっしょに見せると指示がいっそう具体的になり、理解はより深まるでしょう。

## 肯定的な表現は親の口調も穏やかにする

「ダメ」ではなく「○○しよう」と肯定的に言い換えることは、親にとってもメリットがあります。それは、穏やかな気持ちで伝えられるということです。

「ダメ！」とか「いいかげんにしなさい！」という言葉は、どうしても厳しく怒った口調になり、「ああ、叱りすぎちゃった」というイヤな思いを伴います。でも、肯定的な表現で伝えると、口調が自然とやさしくなり、気持ちも不思議と穏やかなままでいられるのです。

自閉スペクトラム症の子は被害者意識を持ちやすいので、「否定された」と思わせないよう、できるだけ穏やかに、やさしい言葉で教えてください。



### OK 「どうすべきか」を具体的に教えます

「ごちそうさま」の絵カードを見せて「ごちそうさまと言いましょう」と伝えます。

人の給食まで食べてしまう子は、その子のトレイだけ別の色にして「自分の給食だけ食べましょう」と教えます。

### NG なぜ怒っているのかわからない

怒られただけでは、何がいけないことなのか、どうすればいいのか、わかりません。

# パニックを起こしたら落ち着いて対処しよう

## 苦しい状況を必死に伝えようとしています

自閉スペクトラム症の子どもは、奇声を発したり、自分の腕をかんだり、友だちの髪を引っぱったり、いわゆる「問題行動」をしがちです。これらは「不適切行動」「不適応行動」「パニック」などとも呼ばれ、ネガティブな印象をもたらします。親は「やめさせなくては」「しつけなくては」と思い、厳しくあたってしまうこともあるようです。

こうした行動はたいていの場合、「自分の思ったとおりにならない」「理解できない状況になってしまった」ことが発端です。きっかけになるできごとはさまざまで（左ページ参照）、何がスイッチになるかは、わかりにくいものです。周囲の人の目には「突然怒り出した」「わけがわからない」と映りがちですが、そこには必ず原因があります。過去のつらい体験がフラッシュバックしてパニックを起こしていることもあります。要するに「問題行動」は、精神的に追い込まれて大混乱している状態なのです。

自閉スペクトラム症の子はあわてる場面に遭遇した時に、周りのだれかを頼ったり、自分なりの対策を見つけたりする臨機応変な行動がとても苦手です。

パニックは、コミュニケーションの方法がわからない時の、その子なりの意思表示だと受け止めましょう。事実、自分の置かれている状況が理解でき、次に何をすればいいかがわかっていれば、パニックはほとんど起こらず、落ち着いて生活できるのです。

自閉スペクトラム症の子がパニックを起こしたら、その背景にはその子なりの理由や原因が存在しているということです。それを見つけ出して改善することが、最も大切なことです。

パニックはいろいろな行動になってあらわれる

友だちの腕にかみつく。

木の上など高く危険なところに登る。

周囲が耐えられないような大声を出す。

## 気持ちがしずまるまで黙って見守りましょう

実際に目の前で子どもがパニックを起こすと、周囲は困惑するものです。しかし、きつく叱る、力ずくでおとなしくさせようとする、といった強権的な対応は禁物です。また、理由を問いただす、なだめようとして話しかける、という対応もよくありません。子どもはますます混乱するだけで、逆効果になるからです。

パニックが起きてしまったら、まずは危険がないかどうか、ケガなどの異常がないかどうかを確認しましょう。差し迫った問題がなければ、何もしないで黙って見守ります。子どもが落ち着くまで、そのまま待ってください。

そして子どもが完全に静かになってから、「よくない行動をやめた」ことについて、ほめるようにします。場合によっては、好きなお菓子などごほうびをあげてもいいでしょう。

## 落ち着ける場所を用意する

保育園や幼稚園、学校でパニックを起こした時も、対応の仕方は基本的に同じです。しかし、自宅と違って周りに友だちがいると、子どもはなかなか気持ちをしずめることができません。

そこで、子どもが落ち着ける場所をあらかじめ決めておいて、パニックがおさまらない時はそこに連れて行ってもらうようにします。保健室や校長室のように他者の視線がなく、人の気配があまり感じられないところが適しています。ぜひ、相談してみましょう。

できればその子専用に、カーテンなどで囲った小さな休憩室をつくっておければ理想的です。担任の先生や補助教員、保健の先生などがつき添い、そこで子どもの気持ちが落ち着くまで見守ります。学校生活にはさまざまなストレスがあるので、そのような場所があると心の支えになることでしょう。

### パニックの原因は——？

・予期しないことが起きたから

スケジュールが突然変わった。変更内容が把握できていなかった。いつも通る道が通れなくなっていた。いつもの席に座れなかった。

・言葉が通じていない、自分の意思や要求が伝えられないから

先生の言う意味が理解できない。してほしいことがあるのに、わかってもらえない。気づいてほしいのに、うまく言えない。

・とまどう環境に置かれているから

「初めて」のことに直面している。今やっている作業をいつまでやればいいかわからない。場所の雰囲気がいきなり変わった。

・不快なことがあるから

感覚過敏があるため、違和感のある音や光やにおいを感じる。目ざわりな人がいる。不快になる感触がある。

ケガや危険がないかどうかを確認

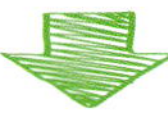

子どもが落ち着ける場所を用意

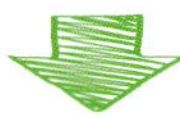

叱ったりやめさせたりせず静かに見守る

# 指示は具体的に。あいまいな言葉を使わない

## 1つの文章で1つの指示。複数のことを一度に言わない

### 文章の前半部分が抜けてしまうことが多い

自閉スペクトラム症の子は、耳から入る情報をとり込むことが苦手です。なかでも特に理解しにくい言い回しには、次のようなものがあります。

**①長い文章**

たとえば「手を洗ってから、ごはんを食べましょう」と指示すると、手を洗わずに食べ始めてしまうことがあります。これは決して行儀が悪いわけではなく、反抗的になっているわけでもありません。長い文章や複雑な文章になると、前半に言われた内容をすっぽりと忘れてしまうことがあるのです。

**②突然の指示**

「お茶碗を持ってきて」と声をかけたのにコップを持ってきてしまう、などのケース。これは、突然話しかけられたせいで、話の最初の部分を聞きのがしてしまったのです。何を頼まれたのかわからなくなったけれど、聞き返すことができず、とりあえず適当なものを持ってきた、ということです。

### 短くわかりやすい単語でゆっくりはっきり

自閉スペクトラム症の子に話しかける時には、できるだけ短く、わかりやすい言葉を選ぶのがコツです。

「手を洗ってごはんを食べましょう」と言いたいなら、まず「手を洗いましょう」と言い、手を洗わせます。そのあとで「ご

はんを食べましょう」と食卓につかせるのです。

「お茶碗を持ってきてちょうだい」は、「お茶碗」と言ってから少し間をあけて「持ってきてちょうだい」と言うといいでしょう。「お願いがあります」と予告してから「お茶碗を持ってきて」と言うのもいいですね。その際、一つひとつの言葉をはっきり発音することが大切です。

## 皮肉や冗談、「たとえ」は使わない

### 「疲れて死にそう」と言うと本当に死ぬと思い込む

言葉の発達に問題のない子でも、直接的でない表現を理解することは難しいものです。たとえや慣用句を使った言い方、その意味を知らないと字義どおりに受けとります。

だれかが「びっくりして目が飛び出た」と言うのを聞けば、その人の目が本当に飛び出たのだと思って、目を指でつついたりします。「疲れちゃって死にそう」とママが言えば、本当に死んでしまうのではないかとあわててしまいます。

皮肉や冗談も理解しにくいものです。「バカだなぁ」と愛情のつもりで言ったとしても、自分はバカにされたと思い込んでしまいます。

また、「ゆっくり」「早い」「ちょっと」「うれしい」「悲しい」「美しい」といったよく使う言葉も、抽象的な概念を指すため理解しにくいようです。

### 「目に見える言葉」をつくり出してみよう

自閉スペクトラム症の子が理解しやすいのは、まるで目に見えるかのような具体的な言葉や、直接的な表現です。「疲れて死にそう」は、「疲れた」だけでいいのです。「もうちょっと待ってね」ではなく、「5時まで待って」と言いましょう。時計を見せながら言うと、さらに安心できるでしょう。

「ゆっくり」「早い」などの抽象的な言葉は、子どもに理解しやすい具体的なもの（こと）に結びつけて教えるといいですね。電車が好きな子なら「ゆっくり＝各駅停車（のスピード）」「速い＝快速電車」「もっと速い＝新幹線」といった具合です。相手の言っていることが理解できないのは、子どもにとって大きなストレスです。直接的なわかりやすい表現を工夫してみましょう。

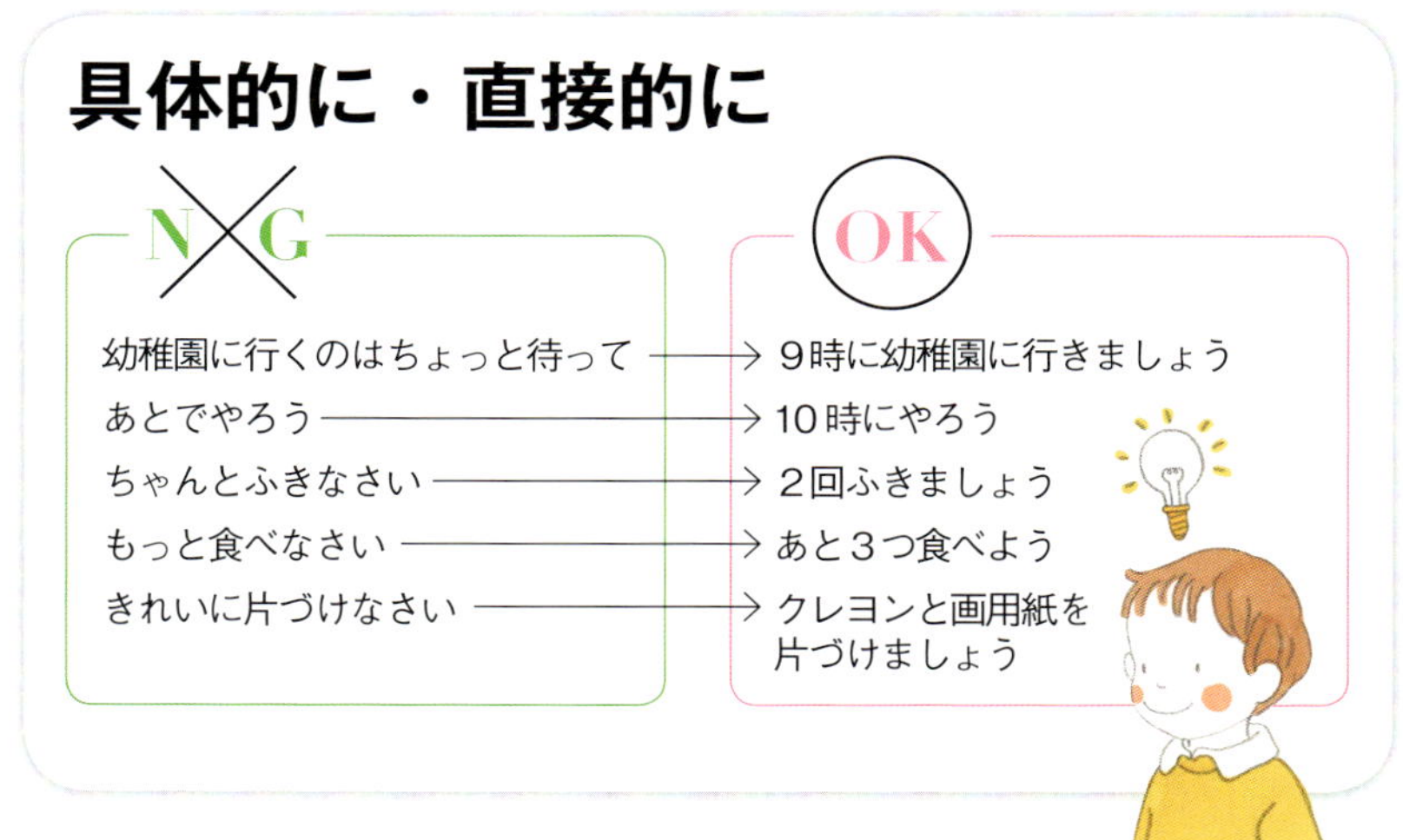

具体的に・直接的に
NG
OK
幼稚園に行くのはちょっと待って → 9時に幼稚園に行きましょう
あとでやろう → 10時にやろう
ちゃんとふきなさい → 2回ふきましょう
もっと食べなさい → あと3つ食べよう
きれいに片づけなさい → クレヨンと画用紙を片づけましょう

指示は具体的に

# 叱る時は否定ではなく具体的にどうすべきかを伝える

## 「してはいけない」では何をするのか、わからない

大人は子どもに向かって、「○○してはいけません」「□□はやめなさい」と、叱ったり注意したりすることがありますが、このような否定的な表現は、自閉スペクトラム症の子には大変伝わりにくい表現です。

「してはいけない」と言われても、その後に自分が何をすればいいのかわからないと、とまどうだけだからです。

実は私たちにも、同じようなことは起こります。知り合いの家に行って、いきなり「ソファに座らないで」と言われたらどう思いますか？「どこに座るんだろう？　立っていろということなのかしら？」と不安になりますよね。「○○しないで」というだけのメッセージを送っていたのでは、行動を変えることにはつながらないのです。

では、どのように言えばいいのでしょう。「今日は雨が降っているから、外で遊んではいけません」と言いたい場合には「今日は雨です。家の中で絵を描きましょう」「部屋で折り紙をしましょう」と、やるべきこと、してもいいことを指示するようにします。

「水を出しっぱなしにしてはいけません」という表現は「水を止めましょう」に言い換えます。「靴を脱ぎっぱなしにしないで」と言いたい時は「靴をそろえましょう」に言い換えれば、子どもは理解しやすくなり、すんなりと正しい行動をとることができます。

そして、言われたように行動できたら、それが「よい行動だった」「正しい行動だった」と伝えましょう。それが次の望ましい行動に結びつきます。

## 否定語で子どもの自尊心を傷つけない

否定的な言葉の中でも特に控えたいのは、子どもの自尊心を傷つけるような言葉です。きつい口調で「なんでこれができないの？」と言ったり、笑いながら「こんな簡単なこともできなくてダメね」などと言わないようにしましょう。

自尊心は、他者とのかかわりや社会の中で、自分の尊厳を意識することで生まれます。社会性が育ちにくい自閉スペクトラム症の子どもは、自尊心があまりないと思われがちですが、近年の研究では成長とともに自尊心が養われていくことがわかってきました。

自尊心が傷つく体験を重ねていけば、

「否定」されると混乱します

否定語を言われると、どうすればいいかわからないだけでなく、怒られたと感じます。

って、自分は価値のない人間だ、どうせ何をやってもダメなんだと、自己イメージが低くなります。

自閉スペクトラム症には素直な気質の子が多いですから、ほめられて育てば自分の長所をまっすぐに伸ばしていくことができます。しかし、否定されて育てば、「自分は何をやってもダメなんだ」「いいことなんて何もない」と短絡的に考えてしまうのです。

他人から否定されて気分がいい人はいないはず。自閉スペクトラム症の子ども、同じ気持ちを持っているのだということを忘れないでください。

## 危険なことをした時は短い言葉できっぱり

ただし、子どもがストーブにさわろうとした、車道に飛び出そうとしたなど、危険が差し迫っている時に叱るのは、しかたのないことです。とにかく危険を回避することが最優先ですから「ダメ！」「やめなさい！」と言って、体を抱きとめてください。

子どもに「絶対にやってはいけない」と教えるためにしていることなので、厳しい口調と表情できっぱりと言いましょう。抱きとめられると暴れる子もいますが、子どもが落ち着くまでそのまま待ちましょう。落ち着いたら手を話し、ゆっくりと穏やかな口調で「どうすればよかったのか」を説明します。

本当に危険な時の「ダメ！」に効果を持たせるためには、日ごろから穏やかに肯定的に伝え続ける必要があります。日ごろはやさしい口調が当たり前になっているからこそ、「本当にダメ」の緊急性が伝わるのです。

「否定」しない。
「すべきこと」を具体的に伝えましょう
使ったコップが置きっぱなし
NG
コップを置きっぱなしにしないの！
OK
コップを片づけましょう

雨だから外で遊べない

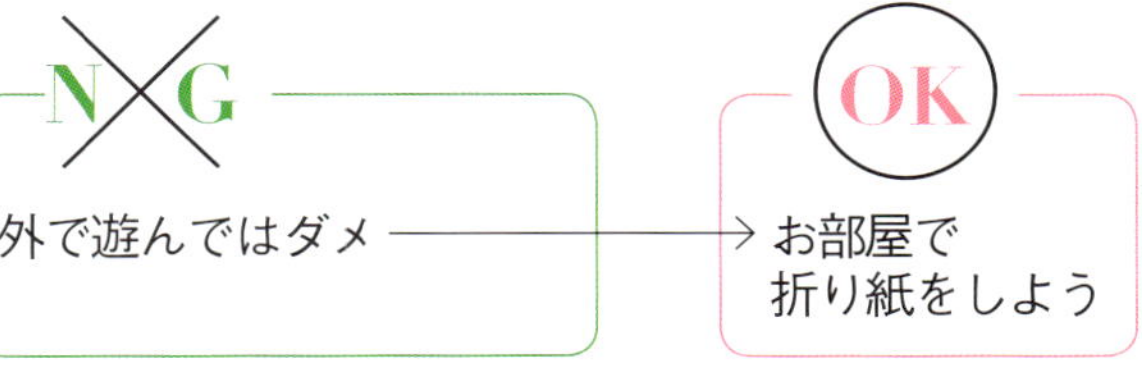

# 「自由にする」のが苦手です。時間の過ごし方を具体的に示して

## 自由時間を苦痛時間にさせないために

自閉スペクトラム症の子は、幼稚園の集団活動や、学校の授業中は落ち着いて行動できる子が多いものです。しかし、休み時間や自由時間になると混乱してしまうことがよくあります。

子どもは「自由に好きなことをして遊んでいいよ」と言われれば大喜びしますが、自閉スペクトラム症の子は「自由」というのがとても苦手なのです。「好きなこと」という漠然とした表現が、「積み木」「ブロック」という具体的なものに置き換えられません。また、時間の配分もよくわからないため、「いつから始めて、いつまでやればいいの?」と不安になってしまいます。

成人になってから、「学校の休み時間をどう過ごせばいいのかがわからなくて、すごく苦痛だった」と打ち明ける自閉スペクトラム症の人は少なくありません。それほどまでに、「自由にする」ことが難しいのです。

特別支援教育の専門家の中には、「休み時間の過ごし方の指導をいちばん大切にしている」と言う人も多いのです。

## スケジュール表には遊びの内容もはっきり示す

自閉スペクトラム症の子どもはスケジュールがはっきり決まっていれば、安心して1日を過ごすことができます。次に何をするのか、その後は何をすればいいのか、という見通しがつくからです。

そこでおすすめしたいのが、時間の流れに沿って活動の内容を書いたスケジュール表です。

幼稚園ぐらいの子なら、外で遊ぶ時間と絵本を読む時間の間に、「休み時間」ではなく「トイレに行く」と具体的な指示を入れましょう。「お弁当」を食べ終わったら「シャボン玉をする」といった具合に、やるべきこと、やっていい遊びなどをはっきりと示しておくと安心できるのです。

## してほしいことを伝えるためのボード作り

コミュニケーションの手段としては、「選択ボード」または「要求ボード」というボードを作るのもおすすめです。子どものお気に入りの遊びや、活動の絵カードを貼り、遊びの時間になったら子どもがそこから自分で絵カードをとって、親や先生に見せるのです。

絵カードがあると「どんな遊びがあるのか」がイメージしやすく、それを大人に見せることで「これで遊びたい」という思いが伝わりやすくなります。

子どもには、そのスケジュール表やボードをいつも確認するように伝えておくといいでしょう。今日1日の流れがわかるのはもちろんですが、慣れると自分で確認しに行き、だれかにいちいち指示されなくても活動できるようになります。それは自立して生活する第一歩になることでしょう。そして「これを見れば大丈夫」という安心感にもつながるのです。

# スケジュールを提示しよう

## その日のスケジュール表

その日にやることを、時間の流れに沿って並べて書きます。マグネットボードにすると、内容を貼りかえることができるので便利です。

決まった時間割のすき間の時間の使い方もはっきり指示してあげましょう。子どもは安心して過ごせます。

## 選択ボード

子どもが好きな遊びのカードを２枚ほど貼ります。子どもがやりたい遊びのカードを選んで大人に見せます。

自分で表を見て、自分から動くようになるので、自立的な活動へとつながっていきます。

# 目で見て理解する「構造化」の手法をとり入れる

## 「構造化」とは、一目見て内容がわかるようにすること

### あいまいなものを整理してわかりやすく

「構造化」という言葉を知っていますか? これは、あいまいな物事を整理して具体的な枠組みをつくっていくことを指します。もともとは心理学や精神医学の用語ですが、TEACCH(ティーチ)(左ページコラム参照)によって、自閉スペクトラム症の療育方法として世界に広まっています。

構造化について少し詳しく説明しましょう。自閉スペクトラム症の子どもは、実際に目で見たものを理解する力に秀でています。また、興味や関心のあるもの(こと)への理解力が高く、一度覚え、身につけたことは忘れないという長所があります。

その一方で、想像力を必要とするコミュニケーションや社会性の力は育ちにくく、言葉による働きかけや「場の空気」のように、見えないものから意味をくみとるのが苦手です。

構造化というのは、自閉スペクトラム症の子どもが持っている長所で短所を補い、その子が理解し適応しやすい環境をつくるための手法です。

構造化の代表的な方法として、子どもにかかわる場所すべてにマークをつける、という方法があります。タンスの引き出しに「下着」「靴下」など、どこに何が入っているかラベリングするのです。これは自閉スペクトラム症の有無にかかわらず、幼い子ども全般に有効なので、幼稚園や保育園でもとり入れられています。

一目でわかるようにする

何が入っているのかな?

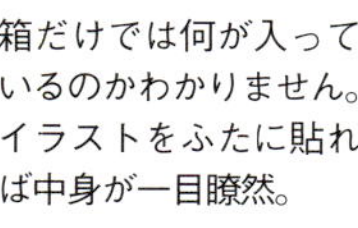

箱だけでは何が入っているのかわかりません。イラストをふたに貼れば中身が一目瞭然。

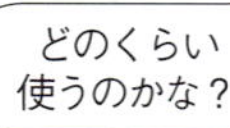

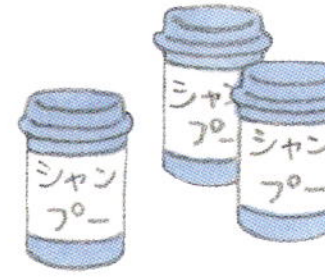


1回にどれだけ使うかわかりにくいシャンプーは、1回分ずつを小さいボトルに詰めかえます。

## 空間などの「見えないもの」を「見える」形につくりかえる

あるいは、室内を目的別に区切るという構造化の手法もあります。自閉スペクトラム症の子は、広い漠然とした空間では、どこで何をしていいかがわからなくなりがちです。それをついたてなどで分断し、「ここは勉強する場所」「ここで着替える」と部屋の使い道を細分化し、一目で「どこで何をするか」がわかるようにするのです。

また、これから起きることの予測ができにくく、「始まり」と「終わり」を把握しづらい子たちのために、物事の手順を言葉ではなくイラストで示して、スケジュール表にすることも構造化の手法です。いちいちだれかに教えてもらわなくても、自分で「次はお弁当の時間」と理解できるようになるのです。

自閉スペクトラム症のための構造化とは、可視化、つまり「目で見て理解できる構造」にする方法のことです。

## 「構造化」は私たちの日常生活にもある

このように、空間やスケジュール、作業の手順を構造化することで、場所や場面の意味、時間の概念、状況の推移などの理解と認識が十分ではない自閉スペクトラム症の子どもが、日々過ごしやすくなることがわかってきました。

しかし、構造化は決して特殊な方法ではありません。実は私たちの日常生活の中には、いくつも構造化されたものが存在しています。

たとえば、信号機、横断歩道のライン、駐車場の仕切り線、電車やバスの時刻表……どれも一目でパッとわかるように工夫されています。これもまた構造化の手法なのです。つまり構造化は、だれにとっても理解しやすく、便利な手法といえるのです。

構造化は、視力の弱い人の眼鏡や、高齢で歯を失った人の入れ歯のようなもの。使わなくても生きていけるのかもしれませんが、使い慣れれば、非常に便利で日々の生活の質を向上させてくれるのです。

身の回りには一目でわかるように構造化されたものがたくさんあり、生活を便利にしています。

### 世界中で導入されている支援プログラムTEACCHでも積極的にとり入れています

自閉スペクトラム症の子どもが自分らしく前向きに生きていけるように、社会のルールや人とのかかわり方を教えるのが「療育(治療教育)」です。さまざまな療育方法がありますが、世界45カ国以上で実践され、日本でも主流になっているのがTEACCHという療育プログラム。劣っている機能を修正したり矯正したりするものではなく、できるだけ自立して行動できるようにするためのスキルを学びます。TEACCHのプログラムで重視されているのが、構造化の手法です。目の前にある情報の意味を、子どもがわかりやすいようにつくりかえることで、少しずつ社会のルールを理解し、その場にふさわしい行動、自立した行動ができるようになることを目指しています。

一目でわかる「構造化」を

# 使いやすい部屋、暮らしやすい家にしよう

## スッキリ片づけて「刺激の少ない」部屋に

構造化の第一歩として、日常的に過ごす家の中を見直してみましょう。

自閉スペクトラム症の視点から見ると、一般的な家の中は非常にあいまいで混乱しています。リビングでは何をし、子ども部屋では何をするのか、具体的に決まっていません。さっきまで食事をしていたテーブルで勉強を始めたり、遊んでいた部屋に布団を敷いたりします。これは自閉スペクトラム症の子にとっては混乱のもとなのです。

「室内を構造化する」というのは、それぞれの部屋やスペースの役割を明確にするということです。子どもの生活にかかわるすべての場所を、一目見てなんのための場所なのかがわかるように変えていくのです。

具体的な構造化の前に、室内はできるだけ視覚刺激が少ないように整えましょう。部屋のあちこちに散っているものは押入れや扉つきの棚に片づけて見えないようにする、扉がなくて中が見えている棚は布でおおって隠すなど、できるだけスッキリさせるのがコツです。

## 「この場所で何をするのか」が一目でわかるようにする

部屋がスッキリしたら、いよいよ構造化です。大がかりなリフォームなどをしなくても、ついたてやカーテンで効果的な構造化が可能です。

子どもが自分の部屋で過ごすことが多いなら、その部屋を「勉強するところ」「寝るところ」「好きなおもちゃで遊ぶところ」「着替えをするところ」の4カ所くらいに仕切ります。さらに、どこで何をするか、目印のマークなどをつけましょう。仕切りは、ついたてやカーテンを利用します。

リビングなどで過ごすことが多い場合は、ここを目的別に区切ります。マンションは、食事をするダイニングと、テレビなどを見てくつろぐリビングが一続きになった間取りが多いですね。自閉スペクトラム症の子は、テレビ画面が目に入ると食事に集中できなくなります。リビングとダイニングはついたてや食器棚などで区切り、テレビやビデオはダイニングから見えない位置に置きましょう。そして子どもには「ここは食事をする場所(ダイニング)」「テレビを見る場所はここ(リビング)」と伝えます。

リビングで勉強する子は、リビングの一角を区切って「勉強する場所」を決めましょう。リビングでは家族がくつろぐだけという家なら、勉強道具などは絶対に持ち込まないように、きょうだいにも徹底します。

「トイレ」「お風呂」など、各部屋の入り口にカードを貼る、タンスの前に半畳ほどのラグやマットを敷いて「ここで着替える」とわからせるなど、間取りやライフスタイルに応じて、さまざまな構造化が可能です。

# 家の中を構造化

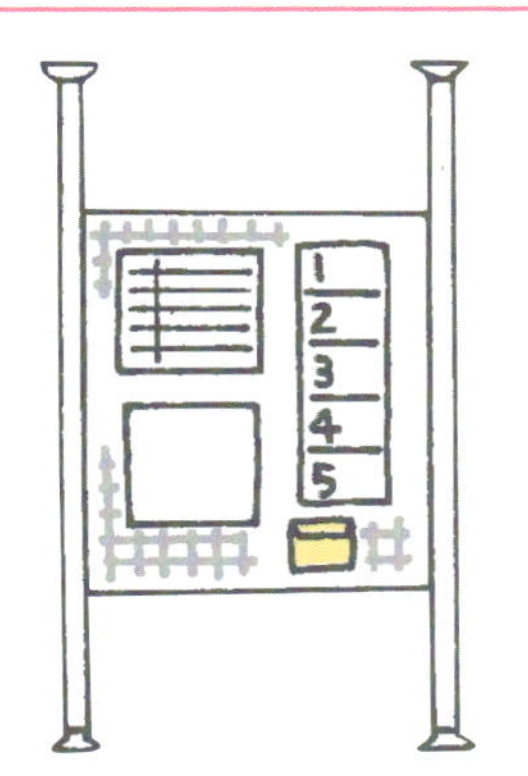

ついたてやカーテンで部屋を仕切ります。つっぱり壁面ハンガーで仕切り、そこに子どものスケジュールや手順表を貼っておくのもいいですね。

扉のない棚は布をつるすなどしてものが見えないようにします

気が散るので、ものは少なくします

何の部屋かがわかるようにカードを貼ります

だれの席かわかるようにカードを貼ります

居間は家族と過ごすところ。勉強道具やおもちゃは置かないようにします

着替えでまごつかないために

## 着替えの手順表

着替えの時に見えやすい位置に置いておきます

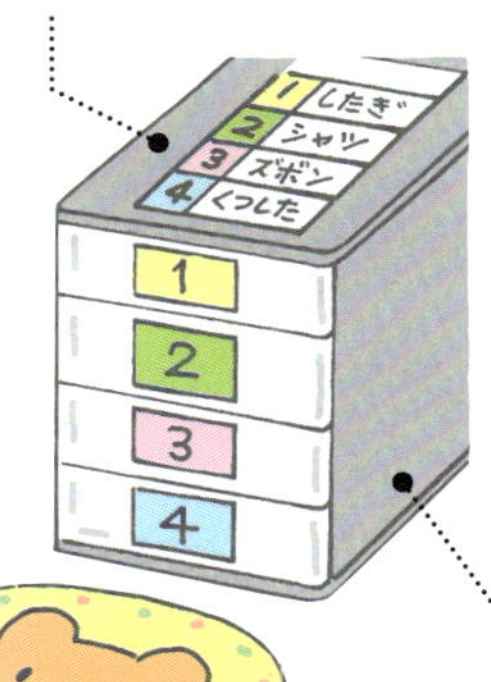


## 多段チェスト

引き出しに番号シールを貼り、番号順に引き出しをあけて中の洋服を着ていくと、着替えができるシステムにします

## ラグまたはマット

「ここが着替えの場所」とわかるように置きます。お気に入りキャラクターのものなら、着替えが楽しくなります

何をする場所なのかがわかるようにカードを貼ります

# 勉強にとり組みやすく、自信がつくワークシステム

## 何をどれくらい、どこまで、をはっきりわかりやすく

勉強や作業をする時、「何を、どのように、どれくらい、どこまでやればいいかがわからない」と混乱してしまうのが、自閉スペクトラム症の特性のひとつです。そのとまどいを解消する構造化として、「ワークシステム」があります。

基本となる具体的な方法をご説明しましょう。

**①これからやる課題の棚**

机の左側に、4~5段の棚を置き、これからやる課題（プリントや資料）をここに整理して入れましょう。それぞれの段を教科に分け、わかるようにラベリングします。自閉スペクトラム症の子は中が見えないと不安になるので、中がはっきり見える棚がおすすめです。

**②終わった課題を入れる箱**

机の右側には、「フィニッシュボックス」を置き、ここにやり終えた課題を入れていきます。

**③課題の一覧表**

机の見やすい場所に、課題の一覧を書いた紙やホワイトボードなどを置いておきます。

子どもはいすに座ったら、①の課題の棚のいちばん上の棚に入っているプリントにとり組みます。それが終わったら、②のフィニッシュボックスにプリントを入れ、③の一覧表をチェックします。棚の上から順に課題をクリアしますが、最後の棚には「おたのしみカード」を入れ、課題が終わったごほうびとして「ゲーム」「お菓子」などの絵カードを入れておくとやる気が出ます。

## 「自分でできた！」が自信になっていく

自閉スペクトラム症の子は、時間の流れを把握することが苦手です。「はじめ」から「おわり」までが理解できないうえ、課題の量とかかる時間のバランスがつかめないので、どのくらいやれば終わるのか見通しが立てられず、不安になってしまうのです。

ワークシステムを使うと、これからどんな課題をするのかが目で見えますし、課題の分量がどれだけあるかもわかります。課題をこなしている間にも「残りはあとこれだけ」と予測でき、棚がカラになれば「これで終わりなのだ」と理解できます。安心できるので、最初から最後まで集中してとり組めるのです。

また、一人で終わらせられたことが自信につながり、意欲や自発性にもつながっていきます。

集中して最後まで終わらせるためには、勉強部屋の環境づくりも大切です。目から入ってくる刺激に敏感なので、光や外を歩く人影などが視界に入らないよう、机は窓に背を向ける場所に設置したいものです。ついたてなどで机を囲むようにすることも集中を促します。気が散らないよう、目に入る範囲にはポスターなどを貼らず、近くに棚がある場合には布で目隠しをしましょう。

## 基本的なワークシステムの例

**これからやるべき課題**

中がはっきりと見える「プリント入れ」。前面には番号シールを貼っておきます。子どもは棚の上から順番に、課題にとり組みます。数字がよくわからない場合は、赤、青、黄色など色のマークで区別をつけるのもいいでしょう

**課題の一覧表**

机の上の見やすい場所に置きます。ホワイトボードに書くのもいいでしょう。プリント入れを色のマークで区別した場合は、一覧表にも対応させます

**終わった課題はここに**

机の右側には「フィニッシュボックス」を置き、やり終えた課題はこの箱に移します。左にある課題(作業)にとり組み、終わったら右に移す、という流れを覚えていきます

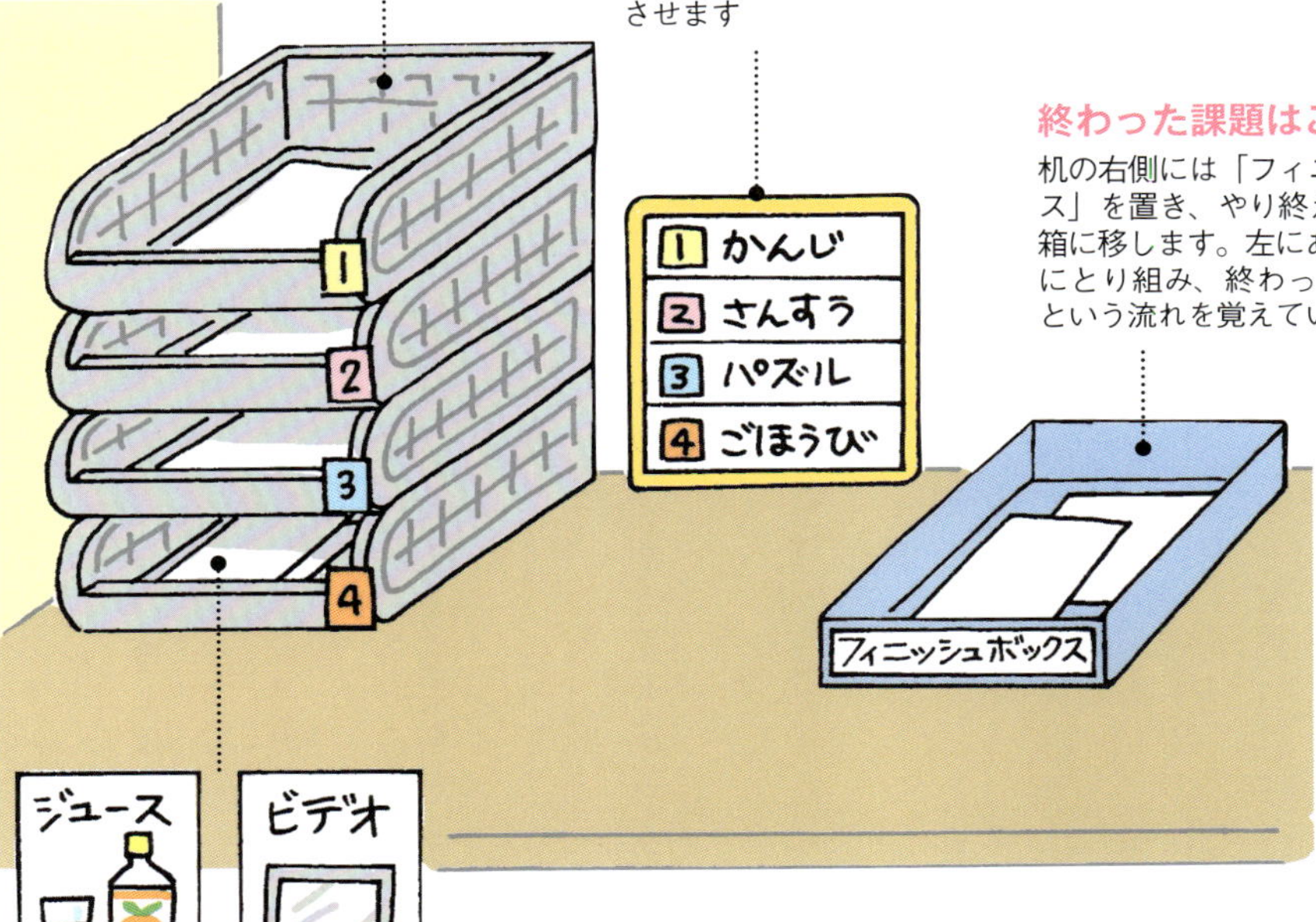


**最後の棚は「ごほうびボックス」**

いちばん下の棚には「お楽しみ」を。ごほうびのカードを入れておくのもいいでしょう

### 学校での気が散らない工夫の例

教室内の席は窓の近くを避けて、教室の前方、先生が立つ位置の近くに設けると気が散りにくくなります。黒板の周りの掲示物や飾りは、後方に移動させると授業に集中しやすくなります。

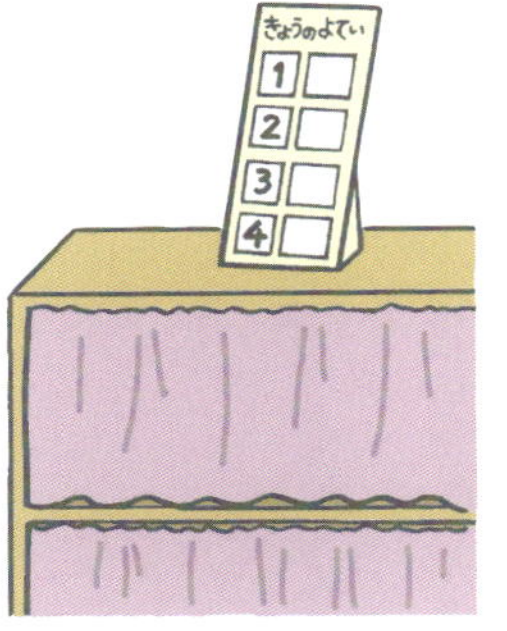


棚はカーテンでおおい、中が見えないように。掲示物も極力見えない場所へ。

窓にフィルムを貼り、子どもの視線を遮るという方法もあります。

一目でわかる「構造化」を

# 視覚に働きかけるカードを使って スムーズにコミュニケーション

## カードを見せながら言葉でも働きかけを

自閉スペクトラム症の子は、耳で聞くよりも、目でものをとらえるほうがすぐれている傾向にあります。そのため、多くの子どもたちは、絵、マーク、文字、写真などを使ったカードを利用して、言葉の意味を学んだり、コミュニケーションをとり合ったりしています。

家庭でも、コミュニケーションのツールとしてカードをとり入れるといいでしょう。文字よりも画像のほうが理解しやすい子なら「絵カード」『写真カード』『マークカード』を、文字を読み書きすることが得意な子なら「文字カード」を。子どもの特性に応じたツールにすることがうまくいくコツです。

たとえば、子どもに食事の時間を伝える時には、「ごはん」の絵を描いたカードを見せます。そして、「ごはんを食べましょう」と、言葉での働きかけを同時に行います。黙ってカードを見せるだけでは、耳で聞いて言葉を把握するための練習になりません。目と耳の両方から働きかけることが大切なのです。この時、短い言葉で、はっきり、ゆっくり伝えるようにしましょう。

初めてカードを使う時には、ほとんど反応がないかもしれません。でも、食事のたびに繰り返しカードを見せて知らせていると、理解してちゃんと行動できるようになります。

## 気持ちが伝わることが子どもの喜びになる

親からの指示をカードで受けとるようになると、次第にカードの意味を理解するようになります。そのため言葉がうまく話せない子でも、欲しいものがあった時などに、カードを親に見せて「欲しい」と伝えられるようになってきます。カードを使えば気持ちが伝えられるということを知るのです。

親からも「欲しいものがある時には、そのカードを見せてね。とってあげるよ」と教えてあげましょう。

家族や先生にカードを見せる時、笑顔になる子が少なくありません。自閉スペクトラム症の特性を持つ子どもにとっても、周囲の人とコミュニケーションをとれるようになるというのは、大きな喜びなのです。

また、やめてほしいこと、してほしくないことがある時に、「やめてください」のカードを見せるように教えておくことはとても大事なことです。不快なことが起こる前に拒否の気持ちを伝えることができれば、無用なかんしゃくやパニックが防げるからです。

### 絵カードをネットからダウンロードすることもできます

以下はその一例。「コミュニケーション支援ボード」のキーワードで検索すると、無料ダウンロードできるサイトがいろいろ出てきます。

**Ohanashi-daisuki.com/index.html**

おはなしノート。特別支援学校の先生が作ったホームページ。カテゴリー別に充実の内容。

**www.yokohamashakyo.jp/siencenter/safetynet/cboard.html**

セーフティネットプロジェクト横浜。イラストを組み合わせてオリジナルボードも作れます。

## 親からの働きかけ

食事の時間になったら、「ごはん」のカードを見せて知らせます。同時に言葉でも伝えることが大切です。

絵が理解しやすい子には絵カードを、文字が理解しやすい子には文字カードを。

写真をカードにする方法もありますが、お茶碗の柄など細部にこだわる子には不向き。

## 子どもからの働きかけ

「これが欲しい」「やめて」などをカードで伝えられることを子どもに教えておくと、コミュニケーションツールとして役立ちます。

カードを渡されたら「車のおもちゃがほしいんだね」と、必ず言葉で働きかけをします。

「やめてくださいカード」の使い方を教えると、パニックを未然に防ぐ手段にもなります。

### 片づけやお手伝いにも応用できます

棚に「ミニカー」「ブロック」などのカードをつけておくと、一人で片づけることができます。

仕事の具体的な内容も、カードを見せることで伝わりやすくなります。

# 一目でわかる「構造化」を

## ルールを絵カードでわかりやすく教える

絵カードが活躍するのは、生活の場だけではありません。

自閉スペクトラム症の子は多くの場合、ドッジボールやポートボール、サッカーなどといった集団スポーツが不得意です。水泳やかけっこなどと違い、こまかいルールがあり、臨機応変に対応しなくてはならないものが多いからです。

記憶力がよく、ルールを守ることが得意な自閉スペクトラム症の子ですが、スポーツのルールは言葉で説明されることが多いので理解しにくいのです。また、実際に競技している姿を見ても、情報が多すぎるためルールを把握できません。

遊びやスポーツのルールを教える時は、絵や文字を使ったカードを作って、目で見て理解できるように説明することが欠かせません。

最初にカードで説明し、実際に競技をしたり遊んだりする時には、親や先生、友だちがそばについて世話役となり手助けをします。自閉スペクトラム症の子は、ルールを機械的に守ろうとしてうまく動けなくなったり、楽しすぎてルールを無視してしまったりすることが起こるからです。場合によってはコートチェンジをしないで競技を行うなど、内容を簡略化する配慮をしましょう。

## 遊びの順番はボードとタイマーを使って教える

自閉スペクトラム症の子は、公園のブランコの順番をかわろうとしない、好きな絵本を一人占めして友だちに渡さない、クラス共用のパソコンなのにずっと一人で使っている、などということがままあります。

一見、自己中心的な行動と見られがちですが、決してそうではありません。遊びにはルールやマナーがあること、園や学校の遊具は友だちと仲よく使うものということが、理解できていないのです。ルールやマナーは、そのつど「どう行動すればいいのか」を、具体的に説明しながら教えることが大事です。先ほど紹介したような、絵カードを使うとわかりやすいでしょう。

また、「絵本を読む時間は1人10分」と決めても、「そろそろ終わり」がイメージしにくいのです。タイマーをセットして、子どもに「タイマーが鳴ったら、次は△△ちゃんが絵本を読む番」と教えます。そうすれば、子どもは自分から絵本を友だちに渡せるようになります。

ブランコ、鉄棒、クラス共用のパソコンなどみんなで使う遊具や道具は、使う順番を示したボードと、時間をセットしたタイマーを横に置くといいでしょう。そして「タイマーが鳴ったら、次の友だちと順番をかわりましょう」と指示します。慣れてくれれば、子どもは自主的に行動できるようになってきます。

遊びや楽しみを周囲の人と共有しにくいといわれる自閉スペクトラム症の子どもたちですが、このようなルールを決めてトラブルなく遊ぶ経験を積むことで、「友だちと遊ぶって楽しいな」と考えられるようになってきます。

### 絵カードではなく、手を使ったコミュニケーションの方法も

コミュニケーションをとるのが苦手な子どもと意思の疎通を図るのに、よく使われているのが手を使う方法です。たとえば、ある場所に行くか・行かないかを尋ねる場合、左手を出しながら「行く?」、右手を出しながら「行かない?」と聞いて、子どもが左手を指したら行きたいと思っていると判断できます。

# 絵カードで遊びのルールを教える

## ドッジボールのやり方を教える

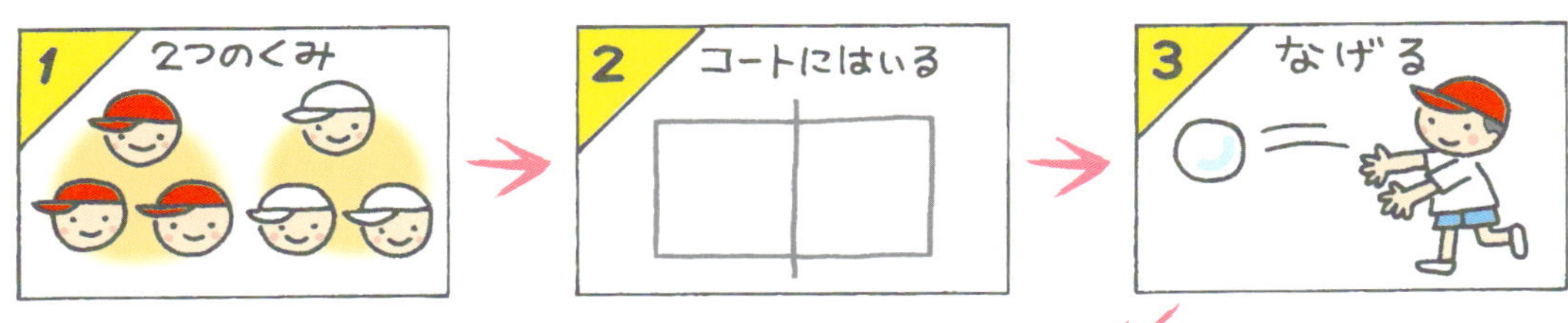

たとえばドッジボールのやり方を説明する時には、上のような絵カードを作ると理解しやすくなるでしょう。実際にやっている写真を利用するのも１つの方法です。

## 遊びの順番を理解させる

順番ボードとタイマーを置いておくと、次はだれの順番なのか、自分はいつまで遊んでいいのかがわかります。似顔絵などをクリップで留めて。

園なら靴箱の上など、見やすいところにボードとタイマーを置きます。自宅ではリビングの棚の上などを定位置に決めて、きょうだいで順番が守れるようにするといいですね。

一目でわかる「構造化」を

# 決まった場所に予定を示して スケジュール管理をする

## 時間の概念がわからない。だから不安になる

自閉スペクトラム症の子どもは、朝起きたら洗顔をして、ごはんを食べて、トイレに行ってから幼稚園や学校に出かける――というように、頭の中で優先順位を考えて行動することが不得意です。また、10分、30分、1時間といった時間の単位を理解するのも苦手で、「30分たったら歯磨きをして寝よう」などと、自分で予定を立てることがうまくできない傾向があります。そのため、常に先の見通しが立たない不安ととまどいを抱えながら生活しています。そんな中で「まだなの？」「早く○○しなさい」と命令や指示をされると、パニックを起こしてしまうこともあります。

こうした点を改善して子どもが不安なく行動できるようにするには、スケジュール表を作って、1日の流れを構造化するといいでしょう。「次に何をすればいいのか」が一目でわかり、毎日の生活や学習をスムーズに進める手助けになります。スケジュール表は、上から下に書くものと、左から右に書くものがありますが、どちらでもかまいません。ただ、学校の時間割と家庭でのスケジュール表は、同じパターンでそろえてください。

## まずはごく簡単なスケジュール表を作る

たとえば、子ども部屋の入り口横の壁に予定を提示するボードを設置して、それをスケジュール表にしてみましょう。

ボードに朝やるべきことを3つか4つ、優先順位が高いものから順に貼っておきます。そのつどボードを見るようにあらかじめ子どもに理解させておくと、朝起きてボードを確認してから「顔を洗う→歯を磨く→ごはんを食べる」と行動できるようになります。最初からやるべきことをたくさん並べてしまうと混乱します。最初は3つか4つ程度の、大事な項目から始めるといいでしょう。

作業を切り上げることが苦手な子なら、やるべきことの隣に時計の絵を並べることで「この時間になったら次の行動に移る」ということが視覚的に理解できるようになります。スケジュール表の近くに、同じようなアナログ時計を置いておき、その見方も教えてあげましょう。

簡単なスケジュールパターンを理解できるようになったら、もう少し範囲を広げて、左ページの「朝のスケジュール例」のように、朝起きてから出かけるまでという長い範囲ですべきことを、時計の絵とともに示してあげましょう。こうすると時間の流れが感覚的に身につき、複雑であわただしい朝の準備を落ち着いてこなせるようになってきます。

これがうまくできるようになったら、まる1日のスケジュール、1週間のスケジュール、1カ月のスケジュールへと応用していきます。時間の流れを感覚的に身につけ、スムーズに行動できるようになるために、学校や幼稚園でも1日の流れを視覚化してもらえるよう、先生に相談してみましょう。

## 「やるべきこと」を視覚化する

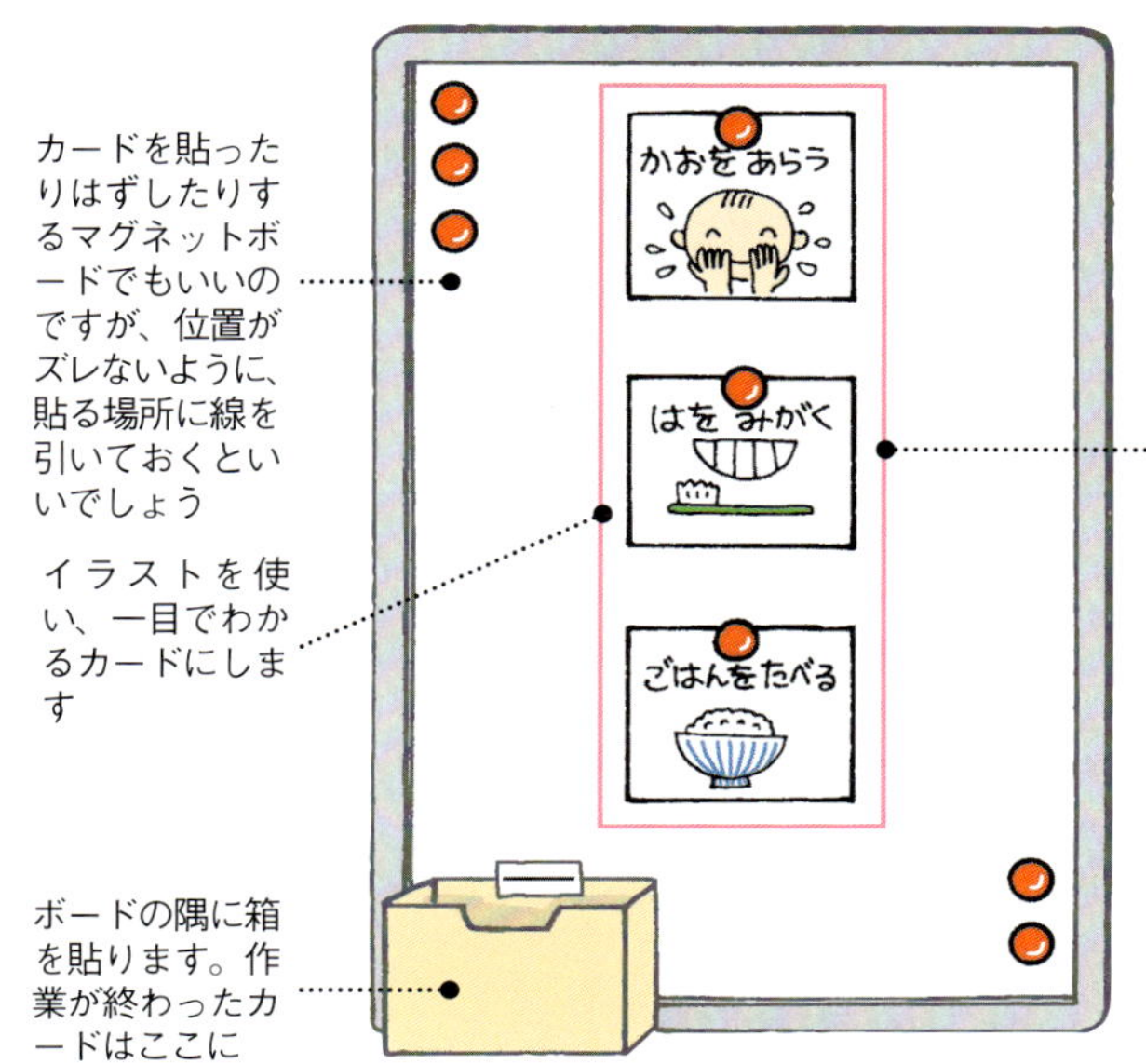


カードを貼ったりはずしたりするマグネットボードでもいいのですが、位置がズレないように、貼る場所に線を引いておくといいでしょう

イラストを使い、一目でわかるカードにします

ボードの隅に箱を貼ります。作業が終わったカードはここに

優先順位をつけて並べます

## 朝のスケジュール例

あさ

7じ おきる

7じ10ぷん かおをあらう

7じ20ぷん トイレ

7じ30ぷん きがえ

7じ45ふん ごはん

8じ はみがき

8じ10ぷん したく

時計のイラストと「やるべきこと」を並べて示すと、時間の流れが理解しやすくなります

## 1週間のスケジュール例

あまりこまかく予定を書き込むとめんどうに感じる子もいます。スケジュール表に盛り込む内容は、特性や発達に応じたものに。

### 視覚化すると「時間」も理解しやすい

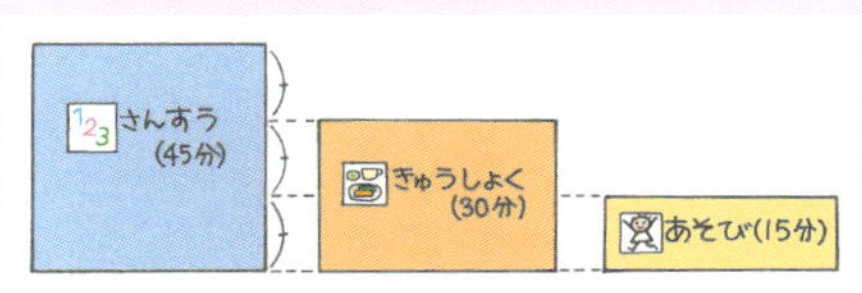


時間の概念がわかりにくい子には、ボードに貼るカードの幅と活動の所要時間とを対応させます。15分を基本単位とし、30分なら倍、45分なら3倍の幅のカードにすると、一目で「算数の時間は長い」とわかります。

# 基本的な生活習慣は時間をかけて少しずつ身につけさせる

## 手順が決まっている生活の技術はやり方を示す絵や図で教える

### 手先の不器用さがさまたげになることも

自閉スペクトラム症の子は、生活習慣がなかなか身につきにくい傾向があります。それにはいくつかの理由があります。

1つは、思うように体をコントロールできないという特性によるものです。手先が不器用な子は、洋服のボタンを留めたり、ファスナーを上げたりといった動作が苦手です。足先の感覚が弱いと、靴下や靴がうまくはけません。似たものの区別がつきにくい子なら、前と後ろを逆に着てしまうこともしばしばです。

日常の衣服は、着替えやすいデザインのものがおすすめです。たとえばTシャツなら、キャラクターが前についているもので統一し、「○○マンがついているほうが前だよ」と教えるとわかりやすくなります。お母さんが着替えを手伝う時には、二人羽織のようなスタイルで、後ろから手を添えてあげるといいでしょう。正面から手を貸すと完全に親まかせになってしまいがちですが、後ろにいると姿が見えないので、自分の手を動かそうとすることが多いものです。

また、ファスナーやボタンを留める練習ができるおもちゃなどを使って、遊び感覚で挑戦するのもいいでしょう。

### 感覚の過敏さと鈍感さも考慮に入れて教えよう

トイレに行こうとしない子は、尿意を感じにくい特性があるのかもしれません。

ある程度時間を決めて「トイレに行こうね」と声をかけ、「おしっこをトイレでするとと気持ちがいい」という感覚をつかんでもらいましょう。トイレに誘う時には、「絵カード」を示すとわかりやすいですね。言葉で伝える時には、「尿」のことを「トイレ」『おしっこ』『ちっち』などと、いくつもの言葉で表現しないように注意しましょう。

感覚過敏のせいで、トイレの便座の冷たさや、トイレの照明、水を流す時の音などをきらっている可能性もあります。トイレがイヤな理由をよく観察して、子どもにとって心地よい空間になるようにしてあげましょう。

歯磨きも、感覚過敏のせいで抵抗を感じる子もいます。歯ブラシの毛先のやわらかさ、歯磨き剤の味など、いろいろ試してみましょう。

## やり方は手順を分け一つひとつ教えよう

自閉スペクトラム症の大きな特性である「抽象的な表現が苦手」というのも、生活習慣が身につきにくい理由です。

「手を洗おう」「(お風呂で)体を洗って」「着替えてちょうだい」といった指示は、子どもにとってはとても抽象的なのです。たとえば「手を洗う」という動作には、水を出し、手をぬらし、せっけんをつけ、泡立て、流し、水を止め、タオルでふく……という、いくつものプロセスがあります。「手を洗ってね」という言葉だけでは、何を意味しているのかピンときにくいのです。

親も「まだ幼いからできなくてもしかたがない」とか、「自閉スペクトラム症だから、家族がやってあげたほうがいい」などと思うかもしれませんが、そんなことはありません。やり方をこまかく分け、一日でわかる「手順表」を作ることで、いつの間にか一人でできるようになる子は多いものです。

子どもによってはうまくできるまでに時間がかかったり、ママにやってもらいたいと思ったりする子もいます。無理じいをせず、必要に応じて手伝いながら、一つひとつ教えていきましょう。

### 手順はこまかいステップに分ける

たとえば、トイレのやり方は「電気をつける」から始まって、「ズボンとパンツを下げる→便座に座る→うんちをする」というように、動作を一つひとつ区切って説明します(P82参照)。どう区切るとわかりやすいか、子どもの発達に合わせて考えてあげましょう。

### 回数と「終わり」をはっきり示す

たとえばトイレの手順なら、「水を1回流す」というように、回数を書いておくとなおわかりやすいでしょう。自閉スペクトラム症の子は「何回やればいいか」「いつ終わるのか」がわからないと不安になるので、手順表の最後に「おわり」と書くこともポイントです。

### 最初のうちは手助けする

いくら手順表があっても、最初からちゃんとできるわけではありません。そばについて、「ズボンを上手に下げられたね」「次はどれだっけ?」と、声をかけてあげましょう。時には手を貸してあげることも必要です。時間はかかりますが、ていねいに教えることで一人でもできるようになります。

### できたら「OK」と伝える

何が正しい行動なのかを理解させることが大切です。「全部できたら」ではなく、手順のうちの2つくらいできたら「それでいいんだよ」と伝えましょう。さらにあと2つできたら、また「OK」というように、段階を追いながら正しい行動を身につけていくようにしましょう。

## 手順表があればお手伝いもできる

手順表を作る時には、そのプロセスをこまかく分けて、絵や文字で示していくのが基本です。私たちが日ごろ、一連の流れでなにげなくやっていることを、こまかい作業に分けて流れを示していくことが大切なのです。

左ページに歯磨きの手順表の例を示していますが、ここには忘れずに回数を示しましょう。自閉スペクトラム症の子はしばしば「何回やればいいのか」「いつまでやったら終わるのか」でとまどいます。回数を書き、手順表の最後には「おわり」と書いて、ここまでやれば終わりだと理解させるのです。

手順表があると、身の回りの簡単な家事を覚えるのにも役立ちます。小学校3～4年生くらいになったら、脱いだTシャツやトレーナー、洗濯物などをたたむお手伝いに挑戦するのもいいでしょう。

左ページの「服をたたむ」の場合、手順表のほかに、Tシャツをのせる台紙を作ります。袖やすそをどの程度折ればいいのか、一目見てわかるようになっています。上手にできたら、次の日はタンスにしまうお手伝いにステップアップしましょう。

### 一人でうんちをする

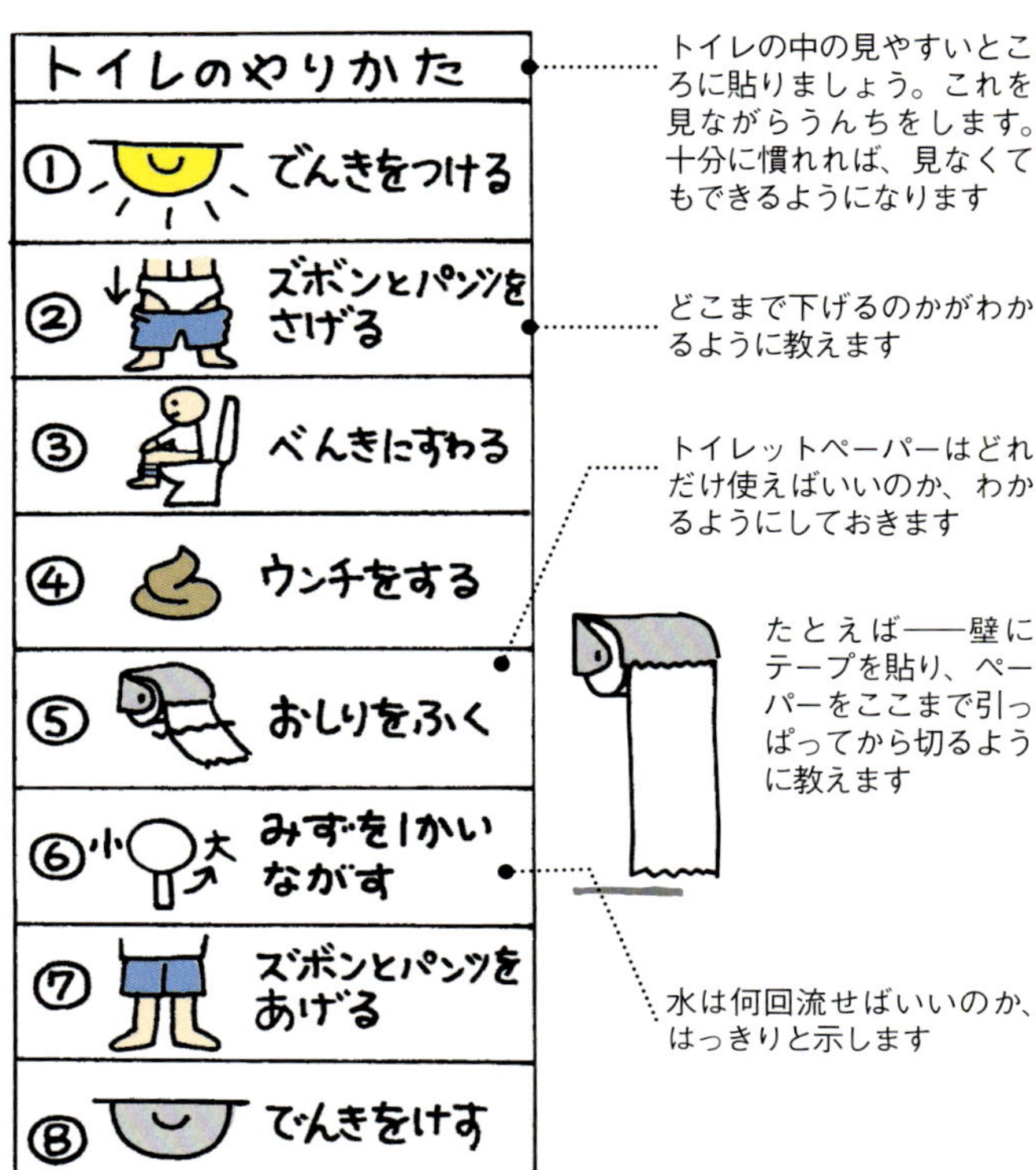


### 洗面所や風呂場に手順表を

手洗い、歯磨き、洗顔などの手順表は洗面所に貼っておき、子どもが見ながらできるようにします

手順表は、実際にそれを行う場所に貼っておきましょう。着替えの手順表であれば子どもの洋服の入ったタンスのわきに。洋服も手順に沿ってとり出しやすくしておきましょう。

## 服をたたむ

### 服をたたみましょう

①服をおく
②右そでをたたむ
③左そでをたたむ
④すそをたたむ
⑤半分にたたむ
⑥かごにしまう
⑦おわり

最後は必ず「これでおわり」がわかる内容にします

厚手の紙で台紙を作りましょう。手順表を見ながら、台紙の上にシャツをのせてたたんでいきます

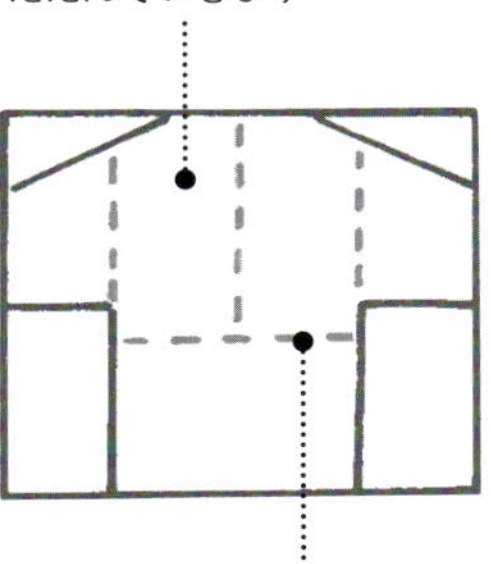

どこまで折ればいいのかがわかるように、目安になる線を書いておきます

## 歯磨きをする

必ず回数を書きます。書いておかないと、子どもはいつまで磨いていればいいのかわからなくなってしまいます

必ず「おわり」を明記します

### 手順表は一覧型、めくっていくタイプなど、使いやすいものを

上は手順を一覧表にしていますが、左は１枚ずつめくっていくタイプ。「ここまでやった」ということがわかりやすく、めくることでスモールステップの達成感を得ることができます。

# 食事の「困った」にはできるだけおおらかな気持ちで対処

## 偏食で健康をそこなうことはめったにない

自閉スペクトラム症の子は、偏食の傾向があります。決まったものしか食べない、温かいものが食べられない、ごはんはつぶしてからでないと食べない、給食のパンが食べられない、紙パックの牛乳が飲めないなど、その偏りはさまざまです。これは単なるわがままではなく、味覚や視覚などの感覚過敏の可能性が高いと考えられます。

「このままでは栄養失調になってしまう」と心配する人もいますが、そういう例はめったにありません。

それよりも、偏食を直そうとガミガミ言いすぎて、食事の時間を苦痛に感じさせてしまうことのほうが問題です。「食べられるものだけでもいい」と割り切ってしまいましょう。多くの場合、偏食は小学生のうちに改善に向かうものです。

もう1つ、食事の悩みで多いのは、食べている途中に席を立って歩き出すことです。自閉スペクトラム症の子は、1つのことになかなか集中できません。特に多動傾向がある子は、すぐに気が散ってしまうので、このような悩みが多いわけです。でも、これもあまり厳しく言うと、食事が苦痛になります。

## 正しく食べるより楽しく食べることを優先

最初から最後まで全部おとなしく座って食べさせようとは思わず、たとえば3口食べたらいったん一休みしてもいいことにする。その次は4口までがんばる、といった具合に考えましょう。子どもの気が散らないようにテレビは消す、おもちゃは出しっぱなしにしない、なども大事です。

偏食も多動も、自閉スペクトラム症の特性でそうなっているので、そこを攻め立てられるのは子どもにとってつらいことです。いくつかできる工夫をしたら、あとは食べることの楽しさを伝えていければいいのではないでしょうか。

○○を
食べなさい！
座りなさい！
遊ばないで食べなさい！
NG

食事のたびに叱られていると、食事が苦痛になってしまいます。

一口食べてみよう

OK

しばらく好きなものだけ食べさせて食事の時間が楽しくなってきたら、苦手なものも少しだけ。

# 習い事は「苦手を克服」ではなく「楽しみを広げる」ものを

## 習い事にも向き・不向きが。本人の興味に合わせて

外出することに十分慣れ、外で行動することが子どもにいい影響があると感じられたら、習い事に挑戦するのもいいことだと思います。

自閉スペクトラム症の人たちに「どんな習い事が好きだったか」と聞いてみると、水泳、書道、音楽、陶芸、絵、手芸、料理など、さまざまな習い事の名前があがりました。なかには乗馬を続けているという人もいます。

あまり向かないと思われるのは、野球、サッカー、バレーボールなどのチームスポーツです。社会性に困難のある子は、集団行動に不安や抵抗を感じることがあるからです。卓球やテニスなどの1対1の競技ならいいかというと、これも不向きな場合があります。こだわりの強さのために勝ち負けに固執して、負けるとパニックを起こすことがあるからです。

「苦手なことを習い事で克服させよう」というのは逆効果です。子どもは楽しくないし、親はストレスばかりたまるでしょう。好きなこと、興味のあることに挑戦させてあげてください。

## 最初のうちは抵抗しても次第に慣れていきます

自閉スペクトラム症の子は、新しい環境に慣れるのに時間がかかります。ですから、初日から「もうやめる」ということもあるかもしれません。でも、あっさりとあきらめず、楽しむにはどうすればいいか、根気強く試してみましょう。習い事の先生にも自閉スペクトラム症の特性を理解してもらい、「短い言葉ではっきり話す」「大声を出さない」などに留意してもらえるといいですね。

習い事を通じて新しい世界が広がったり、思わぬ才能や得意の目覚めになったりするかもしれません。つらいことがあった時に、音楽やスポーツが癒やしてくれる可能性もあります。よい出会いをつくるつもりで、習い事を探してください。

# 「正しい行動」が何なのかを上手に教えましょう

## ほめられて喜んでいるのかどうかわかりにくい特性が

子どもはみんな、ほめられるのが大好きです。自閉症スペクトラム症の特性を持っている子どもも、ほめられてイヤな気持ちにはなりません。

ある子どもは苦手な牛乳が飲めた時、お母さんにほめられると満足そうにします。別の子は先生に「お当番が上手にできたね」と声をかけられると、うれしそうな表情を見せます。大喜びの表情をすることはめったにありませんが、よく見ると満足そうにしていて、その後の行動が変化してきます。それはとても貴重な体験です。

ただ、自閉スペクトラム症の子どもをほめるのは、実は簡単なことではありません。周囲にほめられても本当にうれしいと思っているかどうかがわかりにくい、何がうれしいのかがわかりにくい、という特性を持っているからです。

## 「それはよい行動です」と根気よく伝える

自閉スペクトラム症の子どもに意欲や自信を持たせるには、「それはよい行動、正しい行動だと伝える」ことが大切です。それには、ちょっとしたコツがあります。できないことができた時に「よくできた」と伝えるのはもちろんですが、普段なにげなくやっている「できて当たり前のこと」に、いつもOKサインを出すということです。たとえば、毎朝決まった時間に起きてくる子なら、「今日もちゃんと起きられたね。それでいいんだよ」と毎朝伝えます。これでいいんだとわかれば、それが意欲や自信につながっていきます。

## 得意なことをじっくりやらせてみよう

新しいことに挑戦して達成感を体験しながら、自信をつけさせるのもいいでしょう。ある子はリコーダーの曲を一生懸命練習していました。少しずつ吹けるようになってくるたびに「よくできた」「合格」と評価されたのが自信につながったのでしょう。それからすでに3曲マスターして、さらにがんばって練習をしています。

ただし、自閉スペクトラム症の子どもは、苦手なこと、きらいなことには見向きもしません。だからこそ、得意なこと、興味のあることに重点を置いて、その力を伸ばしていくようにしましょう。

絵本を読むのが好きな子なら、単語や文字を覚えさせてみる、花が好きな子なら、植物の種を植えてその世話をまかせてみる。そしてがんばったことを「よくできた」と伝えてあげるのです。

子どもに「やってよかった」と思わせるには、事前に絵カードなどでやり方を示し、きちんと教えます。それがよい行動・正しい行動だと子どもに理解させることが目的だということを、心に留めておきましょう。

# 新しいことは手順をていねいに教えて

作業の手順は、絵などを使ってわかりやすく説明しましょう。途中でやり方を忘れてしまったら、ヒントを出すか、手順表をもう一度確認します。最後まで作業をやりとげることで自信がつきます。

手順表は、買い物に持って行くバッグに下げておくと便利です

中が見える透明のお財布も、忘れずにバッグの中へ

買い物の手順表は外で何度も見るので、扱いやすい大きさにしましょう。ラミネート加工しておくと、しわになったりぬれたりしません。

かいもの
①しょうひんをとる
②レジにいく
③レジにならぶ 1 2 3
④おかねをはらう
⑤おつりをさいふにいれる

できた！

**小さい子には**
「おりこうね」
「よくできたね」

**少し大きい子には**
「助かったよ」
「ありがとう」

## ごほうびボードを作ろう！

たとえば、「漢字のドリルが１ページ終わったら、りんごの実のシールを１枚貼ります。りんごの木に実が５個なったら、好きなお菓子を１個」などのルールでやる気を引き出します。

「朝、花の水やりがちゃんとできたらシールを貼る。１週間ちゃんと水やりを続けられたらジュースを１本飲んでもいい」といったルールが、子どもの励みになります。

# 突然の変更など、変化をできるだけ避ける

## 臨機応変が苦手なので「変更」はていねいに説明する

### わかりやすく説明すれば心の準備ができる

変化に弱いのは、自閉スペクトラム症の子どもたちの大きな特性です。できるだけ心穏やかに過ごしてもらいたいと思っても、子どもの人生に起こる変化をすべてとり除いてあげることはできません。だからといって、変化に直面するたびに「がまんしなさい」と無理強いしていると、ストレスがたまってますます不安定になります。

親にできることは、その変化を「突然のこと」にしない工夫です。事前に変更の情報が入ったら、「明日はいつもとは違うんだよ」と、前もって説明してあげましょう。そして、「だから、朝は6時に起きるよ」「手提げバッグで学校に行くよ」など、その時にどう動けばいいのかを理解させ、納得させるのです。ここが重要です。理解し、納得していれば、スムーズに行動できるでしょう。

子どもに説明する時には、以下の点に気をつけましょう。

**①変更は早めに伝える**

スケジュールが変わる直前に説明しても、なかなか納得できません。できれば前日か、遅くとも当日の朝までには説明しましょう。

**②わかりやすい言葉で**

「明日は、8時半に学校に行きます」「水曜日は遠足です」など、短い言葉で簡潔に説明します。

**③絵カードなどを使う**

いつも丸い食器が四角いお皿にかわった、トイレのタオルの柄がかわった、植木鉢が移動したなど、自分で決めたルールやこだわりと違うことが起きるととまどいます。

言葉だけで理解しにくい時は、絵カードや文字カードなど、目で見てわかるものを利用しながら説明すると、子どもの理解を助けます。

P79のようなスケジュール表を作っている場合には、そこに変更の内容を貼ると理解しやすくなります。

**④変更後の行動を教える**

変化や変更のあと、どう行動すればいいかを説明します。本人が「こうすれば大丈夫なんだ」と安心できれば、変更を受け入れやすくなります。

**⑤根気よく説明する**

理解できるまで、機会を見つけて繰り返し説明しましょう。数日かけて説明するくらいのがまん強さが必要です。理解も納得もしないうちに無理強いすれば、子どもはさらに不安定になります。

もしも急な変更に適応できず不安そうにしていたら、子どもが落ち着ける場所で、心が落ち着くまで待ちましょう。

## 予定が変わった! いつもと違う! さて、どうする?

### ママのかわりにパパがお迎え

お母さんのかわりにお父さんが保育園の送迎に行く時は、突然迎えに行ってはいけません。前日の晩までにきちんと説明しておきましょう。

### 保育園の前に郵便局に寄りたい

郵便局に寄ってから保育園に行くという程度の変更も、子どもには大問題。早めに伝えて心の準備ができれば、納得して動けます。

### 時間割が変わって行事の練習がある

運動会や学芸会など、行事の練習がある時は前もって知らせます。体育館や音楽室、理科室など、別の教室に移動する時も早めに説明します。

### 雨が降って、いつもの公園で遊べない

雨が降って公園で遊べない時は、「遊べない」だけでなく、「家でブロック遊びをします」と、予定が変更したあとの行動を説明しましょう。

### ルーティンになったことは几帳面にこなします

変化が苦手ということは、「ルーティン化したことは得意」ということでもあります。たとえば掃除の手伝いの方法を理解すれば、教わったとおりにきちんとやり、手を抜きません。一度身につけた経験や知識をそのとおりに行えるというのは、すぐれた特性のひとつです。

# 適切な療育（治療教育）を受けさせる

## 能力を最大限に引き出すトレーニング。スタートはできるだけ早い時期に

### 「治す」のではなく生きやすくする方法

自閉スペクトラム症をはじめとする発達障害の子どもへの専門的な対応として、「療育（治療教育）」があります。これは、発達障害を持つ子たちの日々の生きにくさをやわらげ、親や周囲の人たちが適切にかかわる方法を学ぶためのものです。療育を受けることで自閉スペクトラム症が「治る」ということはありませんし、特性がなくなるわけでもありません。しかし、子どもが暮らしの中で混乱する場面を減らし、意思を伝えやすくなるような方法を学ぶことができます。また、療育を通して親もわが子とのかかわりを学び、相談相手を見つけることができるメリットがあります。できるだけ早い時期からスタートしたほうが、効果が出やすいとされています。

### この療育が正解！ではなくわが子との相性を見て

現在、療育にはさまざまな方法があります。ここでは代表的なものをいくつかご紹介しましょう。

●ＴＥＡＣＣＨ

P68でも説明したように、自閉スペクトラム症の子がその特性を持ちながら社会に適応できるように支援するプログラム。「構造化」を実践している。

●ＡＢＡ（応用行動分析）

子どもの行動をよく観察して問題点を探り出し、適切な環境やかかわりを持つ

### 療育手帳って？

知的障害のある人に対して、都道府県が発行する障害者手帳です。公共の乗り物の料金が割引になる、税金面で控除や免除が受けられるなど、さまざまな支援を受けることができます。IQが70～75以下と規定されているところが多いです。

ことで、よい行動を増やしていくという考え方。

●PECS（絵カード交換コミュニケーションシステム）

絵カードを使って実用的なコミュニケーションシステムを築く。知的障害を持つ子に向いている。

●感覚統合療法

医師や作業療法士の指導のもとで、特殊な遊具を使った遊びを通して、偏った感覚を正していく。

## 診断名の有無にかかわらず療育を受けることは可能

1才半健診や3才児健診などで発達障害の可能性があると、保健センターなどで専門の療育を受けるように提案されることがあります。その場合、公的な療育施設である児童発達支援センターや児童発達支援事業所を紹介され、就学までは毎日～週1日程度まで、必要に応じて通うことができます。

療育を受けること＝発達障害がある、とは限りません。正式な診断名がなくても療育を受けることは可能です。早い時期に療育を通じて適切なかかわりを学ぶことで、親子ともに負担が減る可能性は大いにあるのです。

## 療育の選択肢はさまざま

### 個人指導

民間の療育施設が「塾」のような存在なら、こちらは「家庭教師」。子どもの特性に合わせ、普段子どもが生活している環境の中で療育が受けられますが、指導員の考え方や力量の影響が出やすい傾向が。一般に費用は高額。

### 病院や医療機関で

児童精神科・神経科などの病院や、発達クリニック、療育病院などでも療育が行われています。医師の診療を受けたうえで療育指導を受けることが基本。治療の一環となるため、利用料は健康保険が適用されることが多い。

### 民間の療育機関

ここ数年で増えているのが民間の療育機関です。生活指導中心、学習指導中心など、方法も料金もさまざま。「塾」のような存在といえるでしょう。まずは見学して、考え方やシステムがわが子に合うかどうか確認を。

### 公的な療育機関

児童福祉法に基づく療育機関。「児童発達支援センター」「児童発達支援事業所」があり、専門知識を持つ作業療法士や言語聴覚士、臨床心理士や保育士が指導にあたります。利用には障害福祉サービス受給者証が必要です。

### 療育施設での１日例

①身支度

施設に着いたら、必要なものをバッグから出し、動きやすい服装に着替える。自分のことは自分でするためのレッスンでもあります。

②運動

トランポリンや平均台、バランスボールといった道具を使い、体を動かしバランス感覚を身につけ、運動面での不器用さの解消を目指します。

③言葉の練習

その子の特性に合わせ、カードを使ったり、会話の練習をしたり、絵本を読んだり、さまざまな方法でコミュニケーションスキルを上げる練習を。

④お昼ごはん

食事やおやつも、大事な療育の時間です。箸やスプーンの使い方を覚えたり、みんなで食べることの楽しさを学んだりします。

⑤家庭と連絡

その日の療育の内容や意味、子どもの様子などを聞き、家庭での様子を伝えたりします。気になることがあれば、専門家の助言をもらうことができます。

# 思春期の性の問題

思春期になると、性に関心が向かい、好きな子ができることもあります。

でも、発達障害の特性のために、相手の気持ちがわからず、トラブルになるかもしれません。

## 人前で、してはいけないことを教える

羞恥心の発達が遅れている子の場合、人前で性的な行動をしてしまうこともあります。たとえば、股間にさわる、自慰行為をする、裸になる、女性の胸元や股間をじっと見る、人の体にさわるなどといった行為を人前でしてはいけないと、具体的に説明しましょう。

## 性の知識は正しく伝える

成人マンガなどで性の知識を得てしまうと、それが正しいと思い込んでしまいます。子どもの年齢に応じて、正しい性の知識を段階的に伝えたいものです。図書館に行くと性に関する絵本も豊富にありますので、早いうちから伝えておくといいでしょう。

## トラブルが起きた時は決めつけず、しっかり話を聞く

だれかのあとをつけたり、体をさわったり、押し倒したりといった行動をとって問題になることがあります。その場合、頭ごなしに叱りつけず、なぜそのようなことをしたのかまずは聞いて。その子が好きなのであれば、恋愛の意味や気持ちの伝え方を教えましょう。

## 性的な被害にあう可能性に注意して

興味を持つきっかけがあると、早い段階から恋愛に興味を抱くかもしれません。女の子が少女マンガやテレビドラマをまねて行動し、「男好き」などと噂になることも。また、素直で人を疑わない性格から、大人にやさしくされたと感じて性的な被害にあうケースもあります。監視をする必要はありませんが、子どもの行動範囲や交流相手をきちんと把握して、しっかり見守りましょう。

# ADHD の特性とかかわり方

忘れものやなくしものが多い、何度も同じミスをする、
いつも動き回っていて落ち着かない、順番が守れない……。
社会生活を送るうえで、いろいろな「困った」を引き起こすのが ADHD。
その特性を知り、ぜひ適切なかかわり方をしてあげてください。

# 人間関係などに支障が生じるほどの不注意や多動が特徴です

## 「今やるべきこと」ではなく「今やりたいこと」が優先

ADHDとは、Attention Deficit/Hyperactivity Disorderの頭文字をとったもので、「注意欠如／多動性障害」と訳されます。その名のとおり、不注意・多動性・衝動性という3つの特性があり、こうした症状が、学校や家庭など2カ所以上の場であらわれます。

とはいえ、3つの症状がすべて同程度にあらわれるとは限りません。多動性や衝動性が強く出るタイプ、不注意が強く出るタイプ、同じ程度に出るタイプがあり、それぞれ問題の出かたが違います。

では、ADHDの子とそうではない子とは、どこが違うのでしょうか。

たとえば宿題が出された時。大人は、「やらないとママに叱られる」「終われば心おきなく遊べる」と、やらないことのメリット・デメリットを考え、遊びに行きたい気持ちをがまんすることを期待しがちです。でも、ADHDの子は自分の要求や行動を抑制する機能がうまく働かず、「今やるべきこと」ではなく、「今やりたいこと」を選んで実行してしまいます。「やらなくちゃ」と思ってやり始めると今度は集中できず、ダラダラと何時間もかかってしまったりします。

そのほかにも、カッとなりやすい、すぐ手が出てしまう、危険な行動をする、忘れものが多い、人の話を聞かない、などの行動が目立ち、それが生活のさまざまな場面で問題を起こすのです。

## 努力や意志の力では行動を変えられない

2才ぐらいの幼児なら、こうした行動は珍しくありません。子どもらしい特性であり、「わんぱくな子」「元気な子」「活発な気質」ととらえられ、治療するようなことではないと思う人がほとんどでしょう。しかし、年齢が上がるにつれて周囲との差が広がり、「だらしない」「努力しない」「親のしつけがなっていない」などと非難されるようになってきます。本人も「みんなが簡単にできることができない」と自信を失うことになります。

ADHDの子たちは努力が足りないわけでも、反抗的なわけでもありません。生まれつきの脳のしくみによって、そのような行動が出てしまうのです。近年これらの特性が医学的な疾患としてとらえられるようになり、治療法も確立してきました。「性格の問題」「しつけの問題」ではなく、「標準からはずれた特性」なのです。親を不当に責めることは子どもの支援に結びつかないということも、理解されるようになってきました。

### 実年齢の3分の2ぐらいに見積もって

ADHDの子は、物事の遂行にかかわる脳の部位の成長が、普通の子より時間がかかるという報告があります。普通は7才半で到達する厚さに、10才でないと到達できないのです。精神面の発達は実年齢の3分の2ぐらいだと考え、小学校1年生（6才）なら年中さん（4才）と同じ程度に手をかけるといいでしょう。

## 3つの大きな特徴があります

### 1 不注意

一定時間１つのことに集中するのが苦手です。ようやく集中しても、物音などの刺激ですぐに気が散ってしまいます。また、持ちものや約束ごとに注意が払えないので、忘れものをしたり、ものをなくしたり、時間に遅れたりすることがしばしばです。

### 2 多動

状況とは無関係に体を動かしたり（体の多動）、相手かまわず一方的に話し続けたり（口の多動）する特性があります。本人の意思ではなく、脳の働きによって自然に動いてしまうため、ごく短い時間でも静かにしていることが難しいのです。

### 3 衝動性

「欲しい」「したい」「話したい」という欲求が強く激しく出て、衝動的に動きます。たとえるなら、アクセルの反応が早く強力であるにもかかわらず、ブレーキがとても弱い車のようなもの。喜怒哀楽といった感情表現も、抑えることなくあらわす傾向があります。

ADHD

# 診断の目安になる基準があります

## ―アメリカ精神医学会診断基準第5版―

### 性格なのか障害なのか見きわめが難しい

発達障害の中でもADHDは特に、性格なのか障害なのかの見きわめが難しく、本人や親がいわれなく非難されることが少なくありません。

100人の人間の注意力や衝動性を測ったとしましょう。ADHDとされるのは、その中で最も多動性・衝動性の高い上位3%である、とする目安があります。ただし、同じ人でも5才の時と15才の時とでは注意力や衝動性は違い、確実に精神的な発達をしていきます。小学校時代は着席していられなかったが、思春期になるころには座って授業を受けられるようになる、といったことは十分にありえるのです。

ADHDはしつけや本人の努力には無関係な、脳の機能トラブルです。ADHDかどうかを診断するための基準はいくつかありますが、国際的に広く使われているのがDSMという指標です。

### はっきりと診断できるのは幼児期に入った4才以降

DSMは、Diagnostic and Statistical Manual of Mental Disorders（精神障害／疾患の診断と統計マニュアル）の略。アメリカ精神医学会が出している診断マニュアルです。1952年の初版以来、改訂が重ねられ、現在は第5版（DSM-5）が出ています。

DSMによるADHDの診断基準をまとめたのが左ページのチャートです。「不注意」か「多動性・衝動性」の各項目のうち、6つ以上の項目が6カ月以上続いている場合をADHDと診断します。ただし、左の項目は簡易的に見るためのもの。実際の診断は、専門家でないと難しいです。また、赤ちゃん時代にADHDの特性がはっきりとあらわれることは、まずありません。多くは幼児期～学童期にかけて「落ち着かない」「叱られてもまったく懲りない」などの様子があらわれてきます。そのため、確定診断は4才以降とされています。

話を最後まで聞かず、
ガサツで落ち着きがない
ADHD？
単なる活発な子？

# ADHDの診断基準（DSM-5による）

※１か２のどちらか、あるいは両方に当てはまることが診断の目安です。

## 1 不注意

**以下の６つ以上が６カ月以上続く。**
**その程度は年齢に不相応で、社会生活などに支障をきたすレベル**

- 学業、仕事などの活動でしばしば注意力が欠如し、不注意な過ちをおかす
- 課題や遊びの活動で、しばしば注意を持続することができない
- 直接話しかけられているのに、聞いていないように見えることがしばしばある
- 指示に従えないことがよくあり、学業、仕事などでの義務をやりとげられない
- 課題や活動を順序立てて行えなくなることが、よくある
- 精神的努力を続ける課題（長い文章をまとめるなど）を避ける、きらう、いやいや行う
- 必要なものをしょっちゅうなくす
- 外からの刺激にすぐに注意がそらされてしまい、気が散る
- 毎日やるべきことを、よく忘れてしまう

**または**

## 2 多動性・衝動性

**以下の６つ以上が６カ月以上続く。**
**その程度は年齢に不相応で、社会生活などに支障をきたすレベル**

- しょっちゅう手足をそわそわ動かしている、いすに座ってもモジモジする
- 教室や職場など、座っていなくてはいけない場所で席を離れてしまう
- 不適応な場所や状況で走り回ったり、高いところに登ったりする
- 静かに遊んだり趣味を楽しんだりすることができない
- 「じっとしていない」「エンジンで動かされるように行動する」とよく言われる
- しゃべりすぎることがよくある
- 質問が終わらないうちに、いきなり答え始めてしまう
- 順番が待てないことがよくある
- 会話やゲームに口出しするなど、しばしば他人の活動をじゃましたり妨害したりする

**加えて**

**3** これらの症状のいくつかは12才より前に見られる

**4** これらの症状は、自宅と学校など状況の違う２つ以上の場所で見られる

**5** これらの症状は、学校や職場での活動に明らかに障害となり、活動の質を低下させている

**6** ほかの精神疾患ではうまく説明できない

# 集団生活が始まると困ったことが増えてきます

「元気いっぱいで好奇心旺盛。少しやんちゃで飽きっぽいけれど、子どもらしい素直な子ども」というのは、ADHDの特性をよくあらわしている表現かもしれません。そのため、幼稚園や保育園では「手がかかって大変だけれど、発想が豊かで活発な子」と、認められていた子どもも多いのです。

ところが小学校に入学したとたん、「ほかの子と違う」「みんなが普通にできることができない」と気づかれることが増えてきます。ADHDの特性による行動で、集団活動や年齢相応の人間関係にトラブルが起きるからです。

## 不注意が引き起こすさまざまな問題

### 忘れもの・なくしものが多く学習面にもマイナスが

小学生になってまず困るのが、持ちものの自己管理ができないことです。鉛筆、消しゴム、給食袋、教科書、時にはランドセルまで忘れて帰ってきます。無自覚にものを置くため、いつも何かを探している印象があります。

不注意は、学習面でも足を引っぱります。ケアレスミスが多いため、問題の解き方はわかっているのに計算ミスをしたり、漢字のとめはねを正しく書かなかったり。授業中でも、すぐに何かの音に反応して集中がとぎれます。そこに多動や衝動性がからむと、授業中に立ち歩き、場合によっては教室から出ていってしまい、クラスの規律を乱します。

ADHDの子は、まったく集中できないわけではありません。興味のあることには過剰に集中することも。いつもそのことばかり考えているので、周囲にはボンヤリしているように見られることも。つまり「適度な集中」ができないのです。

## 多動が引き起こす さまざまな問題

### 授業を中断させたり 話しすぎてイヤがられたり

子どもは本来、「元気で活発」で「じっとしていない」ものです。ADHDとの違いは、場所や状況に応じて、年齢相応に多動を抑えられるということです。

小学生くらいになれば、普段は活発な子でも状況に合わせて、ある程度はがまんして座っていられるようになります。しかし、ADHDの子は授業中でも常に落ち着かず、体のどこかが動いていたり、姿勢が極端に悪くなったりします。何か気になることがあると立ち歩いてしまい、授業を中断させることもあります。

おしゃべりな子はどこにでもいるものですが、ADHDのおしゃべりはいわゆる「機関銃トーク」です。会話は一方通行になることも多く、相手の話を遮ってまで自分の言いたいことを言い続けたりします。思いついたことを深く考えずに話すので、話す内容に一貫性がなく、聞く人を混乱させることもあります。

## 衝動性が引き起こす さまざまな問題

### 「やりたい！」が止められず わがままな人と思われる

衝動性が強いことで、やるべきことよりも「やりたいこと」を躊躇（ちゅうちょ）なく最優先させてしまいます。そのため、順番が待てない、おとなしく列に並ぶことができない、欲しいものがあると奪いとってしまうなど、集団のルールを破ることがしばしばあります。

「言いたい」という気持ちを抑えられず、先生からの質問が終わる前に答えたり、あてられてもいないのに答えを言ったりします。しかも正しく聞いていないので、結果として的はずれなことや、聞かれてもいないことを答えるはめに。そのせいで、わざと授業を妨害していると思われることさえあります。

好奇心旺盛なのはいいのですが、他人のことに首をつっこみ、余計なおせっかいと言われることも。喜怒哀楽の表現にもためらいがないので、怒りや悲しみの感情を抑えることなくあらわし、周囲をとまどわせることもよくあります。

# いじめっ子にもいじめられっ子にもなる可能性があります

ADHDは、「不注意優位型」と「多動・衝動性優位型」に大きく分けられます。2つのタイプが非常にわかりやすく、極端に出ているキャラクターがいます。それは、日本だけでなく世界中で愛されているマンガ『ドラえもん』の主人公のび太と、その友だちのジャイアンです。提唱したのは、医学博士の司馬理英子氏。『のび太・ジャイアン症候群』(主婦の友社)は、ADHDを初めて一般向けに解説した著作として知られています。

この2人のイメージは正反対です。のび太は「不注意優位型」、一方のジャイアンは「多動・衝動性優位型」のADHDだと考えると、その違いに納得がいくかもしれません。

のび太型は不注意でボンヤリしています。成績はよくありません。

これに対してジャイアン型は、衝動的でがまんができません。やはり成績はよくありませんが、持ち前のエネルギーで周囲を巻き込んでいきます。

## のび太型 いじめられっ子タイプ

## 不注意・ボンヤリ からかわれるほどマイペース

気が散りやすくて忍耐力に乏しく、じっくりがんばれずに、すぐにダメだとあきらめてしまうのび太くん。困ったことが起こると原因を冷静に考えず、他人のせいにします。授業中には「あんなことができたら」「もしこうだったら」と、ボンヤリ空想にふけっています。

おとなしくて目立たないので、多動なADHDのイメージとは少し違う印象です。でも、忘れものが多く、集中力が続かず勉強ができないという点では「不注意優位型」の典型ともいえます。宿題をせずに昼寝をするなど、今したいことを優先させる衝動性も見られます。

のび太は、よくジャイアンにいじめられます。ジャイアンの行動がよくないのはもちろんですが、その背景には、のび太の「期待された行動がとれない」「自信がなくてグズグズする」という特性もあるのです。

ジャイアン型
いじめっ子タイプ

# 衝動的でがまんができない。自己中心的なオレ様くん

マンガ『ドラえもん』を支えるわき役キャラのジャイアンは、ADHDの特性を持つもう一人の子です。ガキ大将の彼は、典型的なADHDともいえます。

ジャイアンといえば、自己中でオレ様。すぐにカーッとなり、のび太のグズグズした態度やおどおどした様子にイラついて、ポカリとなぐってしまいます。思ったようにいかないと急に怒り出し、前後の見さかいもなく衝動的に相手をやっつけてしまうのです。

被害者はのび太だけではありません。仲間と遊んでいても順番を守らず、「やりたいときがオレの番」と主張し、無理やりほかの子を押しのけて割り込みます。体を動かす遊び、危ない遊びが大好き。勉強は大っきらいで、根気よくやろうという気持ちはまったくありません。

その一方で、ジャイアンはエネルギーのかたまりです。いつも元気いっぱいで強引に周りの子どもたちをグイグイと引っぱり、非常時にはリーダーシップを発揮します。

ADHDの基本症状は、活動性が異常に高い「多動」であると長く考えられてきました。それが現在では少し変わり、物事に抑えがきかない、「抑制機能の不全」が基本にあるとされています。ジャイアンは衝動的で集中力がなく、落ち着きがなく、感情の起伏が激しい……抑制機能不全の見本のような、典型的なADHDといえるでしょう。

## まったくタイプが違うように見えて実は共通点が

２人はまったく違うように見えますが、忘れものが多い、先生の指示に従うのが苦手、ちょっとした刺激で気が散りやすい、飽きっぽい、注意力散漫、思いつくといても立ってもいられない……と、たくさんの共通点があります。親や先生に厳しく叱られているのに改善しないという部分も、とてもよく似ていますね。

# すべきこと

ADHDの子の困った行動は、
決して親の育て方が原因ではありません。
けれど親のかかわり方しだいで、
困った行動を改善させることはできるのです。

1

## 体罰、暴言、どなるなどの対応は悪い結果を生むだけです

ADHDの子の問題行動に対して、親はどなったり、なじったり、たたいたりしてしまうことがあるかもしれません。しかし、問題行動が暴力や暴言で改善することはありません。一時的に親に従ったとしても次第に慣れ、注意を聞き流すことを身につけて、親の声はますます届かなくなります。そればかりか、子どもは「人を暴力で従わせる」という方法を学んでしまうのです。

2

## 注意する回数を減らす工夫を

叱る回数を減らすのはとても重要です。「注意すべきこと」と「見のがしてもいいこと」を整理し、見のがせることには目をつぶりましょう。クドクドと呪文のように同じことを注意するのではなく、子どもの注目を引いて落ち着いた口調で一度でしっかり伝えます。声を張り上げたり、皮肉やいやみを言うのは、イヤな気分にさせるだけで効果はありません。

# ADHDをともに生きる 親ができること

## ADHDを理解されずに、不適応が進むことがあります

ADHDが知られるようになってきた現在でも、「性格のせい」「親のしつけが悪い」といわれることがあります。「悪い性格」を「直そう」と圧力をかけることは、その子に「その子でなくなりなさい」というようなもの。社会に適応するどころか、ますます生きづらく、混乱や苦悩を引き起こすことになるでしょう。

## わざとやっているのではないことを理解する

騒ぐ、駆け出す、注意しても言うことを聞かない、周囲がとまどうような行動で親を困らせる――ADHDの子の行動は、周囲の目に「わざとやっているのでは？」と映ることがあります。でも、彼らは決して、悪意を持ってわざとやっているわけではありません。そのことを親だけでも理解していることは、生きづらさを抱えた子どもにとって、とても大きな支えになることでしょう。

実践したい
対応１

# 叱る回数を減らして、本当に困っていることを解決する

## 絶対にやめさせるべきことと見のがせることを見きわめよう

### 本当にやめさせるべきは人や自分を傷つけること

ＡＤＨＤの子どもは、一日中さまざまな場面で叱られ、注意を受けています。しかし、行動の一つひとつをこまかく注意されても、ＡＤＨＤの特性があるために、その内容はなかなか耳に入ってきません。子どもはうるさがり、注意を聞き流すことを覚えてしまうでしょう。

困った行動を、①社会的に受け入れられず絶対にやめさせるべきこと、②周囲に迷惑がかかるためなるべくやめさせるべきこと、③本人が困ること、の３つに分けてみましょう。

「宿題をしない」「部屋が散らかっている」などは③です。「怒ってドアを蹴飛ばして壊す」「反抗的な言葉づかい」などは家族みんなが困るので②。そして、「車道に飛び出す」「友だちをなぐる」「万引する」「親のお金を持ち出す」など、人や自分を傷つけ、法律に違反することは、絶対にやめさせなくてはならない①になります。

こうしてみると、①は実はあまり多くありません。この問題がある場合は、家や学校が団結してとり組まなくてはなりません。また、②についても、それなりのエネルギーを持って親が向かい合う必要があるでしょう。

今最も困っていること、周囲に大きな迷惑をかけることを選び出して改善に向けた対策をとったら、残りはあと回しと割り切ることが重要なのです。

#### 「注意」の仕分け例

**①絶対にやめさせること**
- 犯罪に関すること
- 暴力をふるうこと
- 自分や他人を傷つけること

**②できればやめさせること**
- 家のものを壊す
- 深夜までテレビを見続ける
- ムダづかいが多い
- 門限を守らない

**③なるべく守ってほしいこと**
- 日常生活のマナー
- 基本的な生活習慣

学校の用意をしてから寝よう
はーい
こっちはまあいいか…

# 気になる行動を書き出して具体的な対策を考えよう

## 「忘れものをしない」ではなく「連絡帳に書く」を目標に

ADHD対策には、紙とペンが必需品です。まずは、「食事中の問題」「勉強に関すること」「家事手伝い」「寝る前にすること」というように、項目別に現在問題になっていることがらを箇条書きにしてみましょう。紙に書くことによって客観的になり、分析もしやすくなります。

次にその中から、今とり組むべき大切な目標はなんなのか、優先順位をつけていきます。さらにその目標を達成するための具体的な方策を考えます。

たとえば「忘れものをしない」を目標にするなら、まずは「学校から帰る前に、連絡帳に明日持ってくるものを書く」という目標を立てます。それが1日できたらほめ、2日目もできたらもっとほめます。

大事なのは、やるべき課題をできるだけ限定することです。まず目標にするのは「連絡帳に書く」こと。「連絡帳に書かれているものを学校に持っていく」のは、はじめはお母さんが手伝ってもかまいません。「連絡帳に書く」のが安定してできるようになったら初めて、「連絡帳に書いたものをすべてランドセルに入れる」という次の課題にとり組むのです。

同じ時期にとり組む課題はせいぜい2つか3つ。欲張らず、スモールステップで少しずつできることを増やしましょう。

### まず問題点を書き出す

ノートなどに問題点を書き出します。ADHDの子には問題点が非常に多いものですが、場面ごとに分けて具体的に書き出しましょう。ノートを普段から持ち歩き、気がついたらメモするといいでしょう。問題点を洗い出したら、右ページで説明した①②③に分類します。①が最優先課題ですが、①がない場合には②の解決を目指しましょう。

### それぞれの問題点の解決策を考える

問題点を洗い出したら、改善するために何ができるのかを考えます。解決方法はできるだけ具体的に、何をすればいいかがわかるようにしましょう。親がすべきこと、子がすべきことを分けることも大切です。

**宿題をしない問題**

夕飯前にママといっしょにやる

**給食袋を出さない問題**

帰宅後に必ず声をかける

### 解決方法は紙に書き目立つところに貼っておく

ADHDの子は、耳から入る情報よりも、目から入る情報のほうが定着しやすいものです。子どもがすべき課題は紙に書き出して、貼っておくといいでしょう。終わったらチェックを入れられるようにすると、達成感が出ます。

【太郎くんがやること】
✿学校から帰ってきたら給食袋を出す
✿宿題は夕食前にやる
・ママと一緒にキッチンのテーブルでやる
きれいな字で書くようにがんばろう

実践したい 対応２

# 目標をわかりやすく設定し、成功体験を重ねる

## 1日のスケジュールを決めて予定表を作ろう

### 頭の中の混乱した情報を整理してあげる

ADHDの子の頭の中には、さまざまな情報が散乱しています。混乱した情報を整理するには、視覚に訴えるのが効果的。1日の流れを振り返って毎日のスケジュールを決め、「すべきこと」をはっきりと示しましょう。

スケジュール表はできるだけ具体的な言葉で大きな紙に書き、目立つところに貼ります。P79のように、視覚的にわかりやすい表にしてもいいでしょう。

それとは別に、大人のスケジュールも表にしてみましょう。宿題をするのを見守る、明日の準備を手伝うなど、子どもにかかわる必要のある時間をしっかりつくれているかどうか、確認します。親も上手に時間をやりくりしましょう。

**朝のタイムスケジュール例**

6：30　起床　顔を洗う
↓
6：40　洋服を着替える
↓
6：55　リビングに来る、食事の用意
↓
7：00　「いただきます！」
朝ごはん
↓
7：30　「ごちそうさま！」
・歯磨き
・連絡帳の見直し
ママと持ちものチェック
↓
7：50　「行ってきます！」

朝にすべきことをすべて洗い出し、出発する時間から逆算してスケジュールを立てます。何回かやらせて時間配分を見直すことが大事。

# 予定がこなせたことを目に見える形にしよう

## カレンダーとホワイトボードで予定を整理

大きめのカレンダーに「体操服を持ち帰る」「遠足がある」など、子どもの予定を書き込みます。これを目につくところに貼り、前夜に翌日の予定をチェックさせます。

それとは別に、その日の予定を書き出すホワイトボードも用意しましょう。これを見れば、その日にやらなければならないことが一日でわかるようにします。いちばん大事なことをいちばん上に書くきまりにすると、まず何をすればいいのかの優先順位が理解しやすくなります。上から順に予定をこなし、1つ終わったらその予定を消すように教えましょう。つまり、子ども自身が「今日すべきこと」を把握して、実行できるようにするのです。これは、とても大切なトレーニングです。

ADHDの子は、その場その場で行き当たりばったりに考える傾向があります。スケジュールの全体像を見て、そこから「今すべき重要なこと」を選びとっていく練習を通じて、ルールやスケジュールに沿って行動することができるようになってきます。

**10月**

| 月 | 火 | 水 | 木 | 金 | 土 | 日 |
|---|---|---|---|---|---|---|
| | | | | 1 遠足 | 2 サッカー | 3 |
| 4 | 5 そろばん | 6 おばちゃんが来る→ | 7 | 8 | 9 サッカー | 10 パパの誕生日 |
| 11 | 12 そろばん | 13 | 14 | 15 | 16 サッカー | 17 子ども会 |
| 18 自転車講習会 | 19 そろばん | 20 | 21 | 22 午前授業 | 23 サッカー | 24 |
| 25 | 26 そろばん | 27 | 28 | 29 | 30 サッカー | 31 |

子どもにも手伝ってもらいながら、シールやスタンプを使って、親子でいっしょに予定表を作りましょう。

【今日の予定】
~~漢字テストの勉強をする~~
時間割をそろえる
夕食後にママが洗ったお皿をふく

その日の予定をホワイトボードに書き出し、課題ができたら1つずつ消す。優先順位の高いものを上に。

### 予定の大敵、ゲームとどうつき合う？

ゲーム対策には「ルール」が必須です。おすすめは、勉強したのと同じ時間だけ、ゲームができるという約束。ポイント制にして、約束どおりに1日1時間でゲームを終えたら1ポイント、100ポイントたまったら新しいソフトが買えるなどと決めれば、時間を守る動機づけになります。ゲームは自分の部屋に持ち込ませないことも大切。

15分勉強すると

15分ゲームができる

# ポイント制を導入してやる気を引き出そう

## 「やりとげたい」の意欲が本来の能力を引き出す

わかっているのにできない、めんどくさいと感じがちなのがADHDです。でも、自分から「やろう」と思った時には、本来活動的でエネルギーの強い子どもなので、驚くようなパワーで立ち向かうことが珍しくありません。ですから、彼らが「自分からやる」ように導いてあげることこそ、現状の改善につながるのです。

そこで有効なのが、ポイント制です。より頻繁に、より具体的なごほうびをあげてやる気を引き出し、そのモチベーションを持ち続けるように工夫します。

まず、「何ポイントたまれば、どんなことができるのか」を示します。

**●2ポイント…好きなおやつが選べる**
**●10ポイント…ゲームが30分できる（1日最大1時間まで）**
**●15ポイント…ファストフードに行く**

など、子どもが好きそうなものを、たくさんリストアップしましょう。

## わかりやすい目標ががんばる力の源に

次に、ポイントを得るための活動やお手伝いもリスト化します。

**●新聞をとってくる…2ポイント**
**●連絡帳を書いてくる…4ポイント**
**●夕食の前に宿題を終える…5ポイント**

という具合です。このリストを見やすい場所に貼り、横にあきびんとビー玉を用意して1ポイント獲得したらビー玉を1個、びんに入れます。透明なびんは、たまっていく様子がよくわかります。ためたポイントを子どもが使う時は、びんの中のビー玉をお母さんに渡します。

ポイントを与える時は、忙しくても「あとで」などと引き延ばさないことです。最初の1週間は気前よくボーナスポイントをあげるなど、やる気を引き出しましょう。ただし、本物のお金を使うのはおすすめしません。お金の価値が意味を持ちすぎてしまい、本来の目的がぼやけてしまいます。

# ゴールカードで重点的に目標にとり組んでみよう

## 2週間後をゴールに。できたらシールをペタリ

ゴールカードは、右ページのポイント制をシンプルにしたものです。

2週間分のますを作り、目標を2〜3個に絞って重点的にとり組ませます。たとえば「朝、新聞をとってくる」「ゲームは6時に終わらせる」という目標を設定し、できた日はますにシールを貼るのです。

決めた目標ができたかどうかは、親が判断します。「シール1枚で2ポイント」などと決め、ゴールに到達するとボーナスポイントがもらえる、などのしくみをつくると、シールが貼れるかどうかが毎日の一大イベントになります。右のポイント制と同様、何ポイントたまったらこんなごほうびがもらえるとリストを作っておくと、やる気がわいてきます。

1つの目標ができるようになったら、次は違うものを追加します。初めに決めた目標には継続してとり組み、もう十分にできている目標ははずします。いったんできていたことが、またできなくなることもよくあります。できていたことができにくくなった時は、もう一度目標に掲げます。これを繰り返しながら、問題にとり組むにはどうすればよいか、どこが問題なのかを具体的に考える週間につなげていきます。

お母さんも「毎日家計簿をつける」「本を1日20ページ読む」などの目標を決めて、子どもといっしょにがんばってみてはどうでしょうか。

なお目標は、初めのうちは勉強とは関係ないテーマを選びましょう。少しがんばればできそうな目標を選ぶのがコツです。簡単なものができるようになるうちに自信がつき、少し難しい課題にも挑戦しようと思えるようになります。

### 2週間ゴールカード

10月　夕ごはんのときに、お箸を並べる

| 1（スタート） | 2 | 3 | 4 | 5 | 6 | 7 |
|---|---|---|---|---|---|---|
| ☺ | ☺ | ☺ | ☺ | ☺ | | |
| 8 | 9 | 10 | 11 | 12 | 13 | 14（ゴール） |
| | | | | | | |

☺がついたら2ポイント。ゴールしたら10ポイント

できない日があっても叱らないこと。その分のポイントが減って目標が達成できない場合には、何かでボーナスを追加してもいいでしょう。大切なのは、やる気を失わせないことです。

実践したい
対応３

# 気持ちを安定させ、自分に自信を持たせる

## ＡＤＨＤの子は、ほめられると特にやる気が出る子たちです

### 結果ではなく経過を見てほめる

だれでもほめられるとがんばろうという気持ちになりますが、ＡＤＨＤの子どもには、それ以上に重要な意味を持ちます。

ＡＤＨＤの子は「規則だから守ろう」とか、「自分で勉強をがんばろう」と毎日努力することが難しい子たちです。そのため、叱られることが日常で、めったにほめられることがありません。しかし、ＡＤＨＤの子には自己顕示欲が強い子が多いため、「ほめられた」「自分はできるんだ」という体験が、想像以上にやる気の源になるのです。

「うちの子には、ほめるところなんてないんです」と嘆く親は少なくありません。でもそれは、「結果」で判断しようとしているからです。忘れものをしなかった、宿題をちゃんと終わらせた……というような、だれもがほめたくなるような結果を期待すると、なかなかほめる機会はありません。でも、「望ましい行動を少しでもしたらほめよう」と考えれば、ほめる回数はグンと増えます。

### スモールステップでささいなことをほめる

ダラダラ着替えて時間がかかる子を「ほめてやる気にさせる」には、どうすればいいのでしょうか?

答えは、スモールステップでほめることです。「タンスの前に行けたね」「ズボンがはけたね」「このシャツを選んだんだね。センスいい」というように、着替えのワンステップごとにほめていくのです。これなら、「早くしなさい」と責めることなく、着替えを促すことができます。どうしても進まない時には、どうぞ手を貸してあげてください。

勉強では集中を長く続けるのが難しいので、勉強にとり組もうと机に向かったタイミングで必ず一度ほめます。親に言われてイヤイヤやったとしても、机に向かったのですから、ほめるに値します。3分続いたら「がんばっているね」と声をかけます。ささいなことでも、惜しみなくほめましょう。

## ほめる言葉は惜しみなく使おう

「もう小学生なんだから、やって当たり前」「こんなことでほめたら調子にのる」と思うかもしれません。でも、できて当たり前のことができずに苦労している子どもが、当たり前のことを少しでもできたのです。ほめて悪いことなどありません。精神的に幼い面もありますから、幼い子に伝えるようにしてほめ言葉をかけても問題ありません。

ほかにも、わが子のもともと持っているいい面をほめることも、忘れないでください（下のイラスト参照）。

わが子のいい面をほめてあげたいと思っても、ほめ言葉はとっさには出てこないものです。様子を観察して気づいたこと、祖父母や先生から「こんないいところがある」と言われたことなどを、ノートに書き留めておきましょう。そして「○○ちゃんのいいところ」をリストにして、子どもに見せてあげたいものです。「あなたのステキなところを、こんなにたくさん見つけたよ」と。

## ストレートな言葉で愛情を伝えよう

「あなたのことが大好きなんだよ」「大事に思っているのよ」というお母さんの気持ちは、言葉に出して、何度も何度も伝えましょう。心の中で思っていても、言葉にしないと伝わりにくいのです。

そして、たくさん抱きしめましょう。言葉であらわせなくても、体が多くの言葉を語ってくれます。抱きしめられたり、さすられたりする皮膚の感覚は、大きな心の安らぎを生み出します。

きょうだいがいる場合には、「○○ちゃんとだけのスペシャルタイム」をつくるのもいいですね。毎日5分でもいいのです。難しい場合にはできる時に、親子2人きりで遊んだり、絵本を読む時間があったりするだけでも落ち着きます。

目標／1日に3回はほめる
ごはんを たくさん食べたね
元気 いっぱいだね
好きなことを 一生懸命 やってるね
たくさん 外遊びを 楽しんできたね
楽しそうに テレビを見るね
大きな声で 返事ができたね
楽しい 笑い声だね

**見たまま、感じたまま、ありのままの姿をほめよう**

ほめるべき行動が何もなかったとしても、見たままをほめることはできます。「あなたの目がかわいいと思うんだ」といったことでも大丈夫。P188のほめ言葉リストも参考に。

# やめてほしい行動は叱らずに無視するのが効果的

## してほしくない行動は無視することで減らす

ほめる習慣がついてきたら、次のステップに向かいましょう。

P104で問題行動を3つに分類することを紹介しました。その段階では「なるべく守ってほしい」「目をつぶる」とした「特に重点的に改善しない」とした項目があったはず。そのような行動を繰り返しする時には、「無視する」という方法で親の思いを伝えましょう。

ADHDの子は、暴言を吐く、乱暴な行動をする、などの行為で親の反応を求める傾向があります。どなられることも叱られることも、親が自分に目を向けてくれる重要なシーンなのです。ですから、「やめなさい」「そういうことは言わないで」と叱ると、注目されたくて問題行動が増えることがあります。

ではどうするか。「好ましくない行動に注目しない」＝「無視する」のです。やめてほしいことをしていても注目せず、ため息をついたりもしません。様子をうかがい、その行動をやめたら初めて「やめられてえらかったね」とほめるのです。「ママはいいことをしたらほめてくれる」ということがわかっていて親子間の信頼関係があれば、この方法はとても効果的です。

## 何か指示する時には静かに、穏やかに

「今日すべきこと」など、子どもにしてほしいことは、紙やホワイトボードに書いて示しておきます（P106参照）が、できていないこと、すぐにやってほしいこともあると思います。そんな時には、

①正面からしっかり目を合わせ、

②静かに穏やかな声で、

やるべきことを伝えます。テレビを見ていたら終わるまで待ち、テレビを消してから話しましょう。決して大声でどなったり、「ちゃんとして！」といったあいまいな指示は意味がありません。本当にしてほしいことを絞り、親は穏やかに、真剣に指示を出しましょう。

### 指示を出しても聞かない子には？

「穏やかに言ったのでは聞かない」という子がいます。それは、指示の出し方が問題なのではなく、「体罰を繰り返してきた」「自信を持たせる工夫をしてこなかった」など、それまでのやり方がうまくいっていないためです。子どもが指示をきちんと受け止めるには、親子間にしっかりとした信頼感がなくてはいけません。「言っても聞かない」と嘆く前に、子どもへの接し方をもう一度振り返ってみてください。

# ペアレントトレーニングで適切な対応を身につけよう

## 子どもを変える前に親の行動を変える

ペアレントトレーニングはＡＤＨＤの子どもの親に、「効果的な親としてのスキル」を教えるためのものです。これはＡＤＨＤの治療法のひとつであり、非常に有効だといわれています。

ペアレントトレーニングはその名のとおり、親の行動を改善するためのトレーニングです。子どもの悪い行動を正すためのものと考えられがちですが、そうではなく、親が子どもの特性に合わせた対応をすることで子どもとの関係が改善され、結果的に子どもの問題行動が減る、というものです。

通常は、８～10回のセッションで、毎週決まった時間（１～２時間）内で、左記のような学習をします。５～10人の父母に指導者がつきます。

ペアレントトレーニングでは、子どもの性格や気質ではなく、その行動に注目します。親の行動を変えることで子どもの問題行動が減り、よい行動が増えることを目指します。

## 親同士の交流で元気をもらえる

ペアレントトレーニングは、医療機関や療育機関などでも開かれるようになってきました。近くで受けられる場所があれば、ぜひ受けてみましょう。同じような悩みを持つ親同士の交流を通して、互いに元気をもらうこともできるでしょう。ＡＢＡ（応用行動分析）という療育方法でもペアレントトレーニングを実施しています。

そのような機関やグループが見つからない時には、本を読んで自分でやってみることもできます。Ｐ191の参考文献（★印のもの）もテキストになるので、参考にしてください。

## ペアレントトレーニングを受けてみよう

### ペアレントトレーニングのプログラム例

- ADHD の特徴についての説明
- 行動を分類して説明
- 子どものよいところに目を向ける練習
  ADHD を持つ子の親はどうしても子どものマイナス面に目が向きがちなので、よい行動に目を向けることを練習します。
- スペシャルタイム
- 行動を分類して説明
- 子どもと楽しく過ごす時間、の説明
- 簡単な指示を出し、それができた時にすぐにほめる練習
- 好ましくない行動をした時に、それを無視する練習
- 効果的な指示の出し方や、やる気を引き出すルールの説明

# 子どもへの対応を変えることで自己コントロール力がついてきます

## 「治療」のひとつとして親のかかわりが重視される

ＡＤＨＤは「治療」のできる発達障害です。薬物治療についてはＰ118でふれていますが、それ以上に効果的な治療法が、ここまでに紹介したいろいろな対応です。これらは「心理社会的治療」と呼ばれる、確立した治療方法なのです。

たとえば気が散りやすい子にこまめに声をかけたり、集中しやすい環境をつくったりすると、次第に授業でちゃんと座るようになり、先生の話が聞けるようになってきます。多動や衝動性についても、特性に合ったかかわり方をすることで、気持ちを落ち着かせるやり方を体得していきます。

人よりゆっくりですが精神的にも成長するので、思春期を迎えるころには、「少し落ち着いてきたかもしれない」と感じる場面が増えてきます。とりわけ、彼らの興味が勉強やスポーツなど、社会的に認められるものに向かった時は、本来のエネルギッシュさも手伝って、想像もしていなかったような成果を上げることがあります。家族の支えや尊敬できる師との出会いで、自分と向き合い、自ら弱点を克服しようとする子もいます。

## 犯罪や非行に向かいやすいＡＤＨＤの二次障害

その一方で、親や教師との信頼関係がくずれ、友人ともうまくいかなくなる子も、残念ながら少なくはありません。

ＡＤＨＤの特性のために勉強が遅れてしまったり、集団行動を乱す行動が続いたりすると、彼らは日々叱責され続けることになります。10才の子は、10年近く叱られ続けているわけです。

そのために自暴自棄になり、自分より弱い立場の者をいじめてむしゃくしゃする気持ちをまぎらわせようとすることがあります。思春期になってもこれが続くと、いじめや非行といった深刻な問題を引き起こします。

叱られ続けた結果、自分に自信をなくし、「どうせ自分は何をやってもダメなんだ」と、学校生活への意欲をなくし、不登校や引きこもりになってしまうこともあります。いじめの被害にあったり、うつ病を発症したりするケースも珍しくはありません。このように二次的に起こってくるさまざまな問題を「二次障害」と呼び、ＡＤＨＤの症状以上に、本人や家族を苦しめることになります。

ですから、このような問題が起きてくる前、時期的には思春期に入る前に周りの大人たちが適切な対応をすることがとても大切なのです。

ＡＤＨＤの子は、たくさんの課題を抱えていますが、すばらしい特性を持った子たちです。好きなものに熱中するエネルギーの強さ、困難があってもためらわずに突き進むパワー、直観力に満ち、瞬間的にひらめく発想のすばらしさ。花開くのが難しい能力だからこそ、周囲の大人はそれに気づき、大切に育てられる知恵を持ちたいものです。

# 社会に適応できる子に育てよう

叱り続ける

対応が
うまくいかない

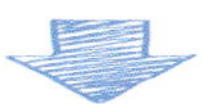

状況が変わらない

年齢とともに周囲との
あつれきが激しくなる

**自信がなくネガティブに**

不登校・学業不振

なげやり

いじめ・うつ

行為障害　など

得手・不得手を見きわめる

いい面を引き出す
方法を考える

子どもへのあやまった
対応を控える

子ども自身の生活が
過ごしやすくなる

本来持っている力が
発揮しやすくなる

**自信がつき前向きに**

落ち着いて過ごせるようになる

不注意が減ってくる

さまざまな活動への
参加がしやすくなる

# ADHDの子を伸ばします

## 幼児期は

きちんとしつけなくちゃと思い、つい叱ることが多くなりますが

## ムダに怒らない

ＡＤＨＤは、努力や積み重ねが必要な場面になって初めて、表面化することが多い障害です。そのため、幼児期に「不注意」「多動」などの典型的な症状が見えたとしても、まだそれほどは困りません。

この時期に大切なのは、しつけがうまくできなくてもイライラしないことです。同じことを何度も言わなくてはならなくて、感情的になることが多いかもしれません。それでも、なるべく淡々とした対応をすることが大事です。激しく怒られると気持ちがあおられ、反抗的になることも多いのです。

「なかなかしつけられない」と悩むこともありますが、５才なら３才くらいの子どもに教えるつもりで、辛抱強くしつけましょう。ほめることを心がけ、楽しむように教えると、できることも多くなります。

もしも、「言葉が遅い」「目が合わない」「かんしゃくが起きるとおさまらない」などの様子があるなら、自閉スペクトラム症でもある可能性があります。

## 小学生は

本人が困ったり恥をかいたりすることも、大切なしつけだと思うのですが

## ほうっておいてもできるようにはならない

小学生になって初めて「ＡＤＨＤでは？」と気づくケースは多いものです。宿題にとりかかれない、忘れものが多い、授業中に立ち歩くなどの問題によって、ＡＤＨＤの特性があらわになるのです。

小学生への対応で大切なことは、「ダメじゃないか！」と叱ることではありません。勉強に集中できない子には集中して宿題ができるように勉強スペースの環境を整える、忘れものが多い子ならいっしょに時間割をそろえるなど、勉強や整理整頓が習慣となって身につくように気を配ってあげることです。

小学生になると「本当に困れば忘れものをしないように努力するのだから、ほうっておけばいい」と考える人もいます。が、ＡＤＨＤという障害を持っている場合、成長を待っているだけでは失敗を重ねすぎて、学校がきらいになりかねません。

どうぞ適切に手をさしのべてあげてください。

時期別の対処ポイント

# キメこまかいフォローが

## 中学生は

手出し口出しをしてイヤな顔をされます

### 突き放さず、「自分でできる」方法をサポートする

中学校生活は小学校時代より生活全般で要求されるレベルが高く、難しくなっています。「もう中学生なんだから、自分でやってね」といきなり突き放すのではなく、どうしたら本人ができるようになるのかを考え、サポートしてあげてください。

たとえば持ちものの管理。教科が増え、学習の内容が広がるために、小学校時代よりずっと複雑になっています。子どもといっしょに教科ごとのプリント入れのカゴを用意するなど、本人が自分でできる整理整頓の方法を考えましょう。

まだまだ手がかかる時期ですが、思春期まっただ中の中学生は、命令や監視には反抗します。家庭の中によけいなストレスを生まないためにも、相談に乗る姿勢を貫きましょう。親が手柄を立ててはいけない時期です。「自分でできた！」という自信を持たせてください。

## 高校生は

そろそろ大人の入り口なのに、やることは中学生レベルです

### 3分の2の年齢だと思ってアドバイスする

ＡＤＨＤの子は高校生になっても「待つ」のが苦手です。「今勉強すれば、3年後に希望の大学に入れる」「今日だけがまんすれば、明日は好きなことができる」とは考えません。今楽しいことが最優先で、バイトや部活に夢中になる子も多いものです。

その結果、高校で留年してしまう子もいます。単位のとり方については、親も知識を得ておきましょう。留年の意味を説明し、遅刻や欠席の回数、赤点の数などで留年する可能性があることを、端的に教えます。

スケジュールが複雑になるので、うっかり予定を忘れて周囲に迷惑をかけることもあります。カレンダーに予定を書き込む習慣をつける、手帳を渡してスケジュール管理の練習をさせるなど、具体的にサポートを。「しっかりしなさい！」とお説教をしても、事態は好転しません。

思春期は、親のアドバイスに耳を傾けにくいもの。アドバイスは塾の先生や家庭教師など、ほかの人から言ってもらったほうが、素直に聞けることもあります。

実践したい
対応４

# 適切な薬の投与で改善する可能性があります

## 「コンサータ」「ストラテラ」はADHDの治療薬として効果が認められている

### 薬物治療を正しく理解し効果的に使用したい

薬物治療を行う場合、それだけに頼ってしまうのではなく、これまでに紹介した心理社会的治療（対応の工夫など）を並行して行うことが大切です。

周囲の理解が進み、特性をサポートする環境を整えても、勉強に集中できない、対人トラブルが絶えないなど本人の不利益が続く場合は、薬物療法が役に立つことがあります。

現在、ＡＤＨＤの治療に使われている薬には「メチルフェニデート（商品名コンサータ）」「アトモキセチン（商品名ストラテラ）」の２種類があります。いずれも、脳内の神経伝達物質の調整をすることで多動性や衝動性を抑え、不注意を改善します。

**●コンサータ**

コンサータの基剤であるメチルフェニデートは、欧米ではＡＤＨＤの第一選択薬として長年にわたって研究され、使用されてきた薬です。脳内の神経伝達物質の量を増やすことで、前頭前野の働きを活性化し、ＡＤＨＤの多動、衝動性、不注意の症状を改善します。以前は即効性の高い「リタリン」が使用されていましたが、依存性の問題が指摘され、徐放剤（体内で薬がゆっくり効く）である「コンサータ」が開発されました。６〜17才の子どもに使用が認められています。

米国で、７才から12才未満のＡＤＨＤを持つ子ども５９２人に対して、３年間

### シナプス間のドーパミン濃度を保つように、ドーパミンの再とり込み部位にふたをします

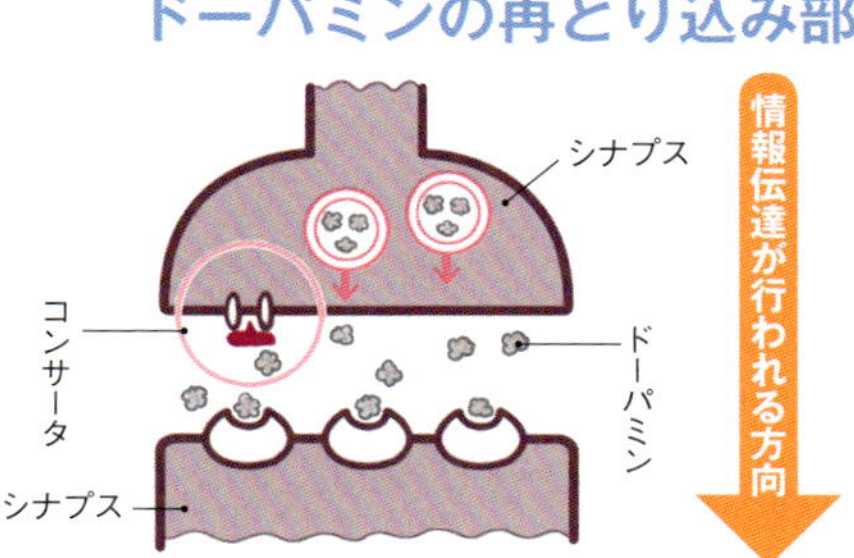


脳では常に、神経細胞の間で情報交換が行われていますが、その情報交換の役割を果たす細胞がシナプスです。シナプス同士で神経伝達物質をやりとりして情報交換しています。

ADHDはドーパミンなどの神経伝達物質が不足して起きます。脳内に放出された神経伝達物質が、シナプスにたどりつく前に回収されてしまう特性があるからです。コンサータはこの「回収口」をふさぐことで神経伝達物質を正常量に改善します。

コンサータによる薬物療法と心理社会的治療を行い、追跡調査をした研究があります。その結果、薬物療法の有効性が確認されました。コンサータは、ADHDの子どもの6～7割に効果があるといわれています。1日1回の服用で約12時間効果が続きます。

●ストラテラ

ストラテラも脳内の神経伝達物質を増やす薬ですが、依存性がないといわれています。効果があらわれるまでに4～6週間かかり、コンサータに比べて即効性が低いのですが、1日2回服用できるので、24時間効果が持続します。

### 副作用が出る可能性があります

コンサータの副作用としては、食欲の低下、寝つきの悪さが代表的です。もともとチックのある子は悪化することも。身長の伸びがゆっくりになるという報告もあります。ストラテラには、頭痛、食欲減退、眠けでうとうとしやすくなるなどの副作用があります。副作用で日常生活に問題が生じる場合は医師に相談し、量や種類の見直しを。

## 医師と相談しながら進めたい 薬の使用ルール（コンサータの例）

### 1 服薬時間を決める

1日1回服用、効果の持続は約12時間なので、学校の始まる時間を考え、毎朝午前7時などの決まった時間に服薬します。副作用として寝つきが悪くなることがあるので、早い時間に飲むのが原則。

### 2 適量を決める

初めて服用する場合には、18mgから始めます。学校と家庭の両方で効果を観察しながら、医師の指示に従って増量し、十分な効果が得られる量を決めます。目安は体重1kgあたり1mg。最大量は1日54mgまでです。

### 3 変化を記録する

毎日の服薬量、服薬時間、効果、副作用、就寝時間などを記録します。学校では教科による違いなどを見るために「1時間目」「2時間目」などと時間ごとの記録用紙を作り、担任の先生に記入をお願いするといいでしょう。

### 4 休薬期間を設ける

6カ月に一度ほど、医師と相談し休薬期間を設けます。飲まなくてもうまく過ごせるようなら、薬の服用をやめられるかもしれません。効果の判定の休薬期間とは別に、食欲改善などのために休薬することもあります。

適切な薬を使う

# コンサータ、ストラテラ以外の薬を使うこともあります

## よりよい組み合わせでつらさをやわらげる

ＡＤＨＤの治療には、前ページの２つの薬が使用されますが、それ以外の薬が出ることもあります。興奮やイライラが激しい場合などには非定型抗精神病薬、脳波異常やてんかんがある場合は抗てんかん薬、強迫的な症状にはＳＳＲＩなどが処方されることがあります。ただしこれらは、ＡＤＨＤの治療薬として認可されてはいません。わが国では、厚生労働省が子どもへの処方を認めている薬が少ないため、大人の治療経験や欧米での使用実績に照らして、医師が薬を処方することがあるのです。

薬は、ＡＤＨＤの症状を軽くするだけでなく、二次障害のリスクを減らしながら子どもの成長を待つのに必要なことがあります。どんな薬にも副作用はありますが、飲めば必ず副作用が出るわけではありません。あくまでも利点の方が大きい場合に薬が処方されるでしょう。不安な時は、遠慮せず医師に説明を求めましょう。

抗てんかん薬

抗うつ剤

非定型
抗精神病薬

ADHDだけでなく自閉スペクトラム症にも、定型抗精神病薬であるオーラップ、非定型精神病薬であるリスパダールなどの使用が認められています。過敏さや激しいパニックや興奮を抑えられるようになり、つらさを緩和する効果があります。

年齢別

# 困った状態の対処法

泣きやまない、言葉が出ないといった乳幼児期の気がかりから、
いじめや進学、就労など思春期・青年期の悩みまで、
発達障害の子どもが直面しがちな「困った状態」にどう対処すればいいのか、
身につけておきたい知識や対応のテクニックをまとめました。

# 年齢に応じて変えましょう支え方・見守り方は

## 小さな進歩を少しずつ積み重ねていこう

### 小学校をどう選ぶか、夫婦でよく話し合う

5〜6才になるとADHDの診断も可能になり、発達障害が明らかになります。わが子の特性を正しく知り、今後どんな教育環境が合うのか、よく考えましょう。経験豊富な園の先生などに相談するのもいいかもしれません。

### 気づいたら早めに相談して適切なかかわりを

2〜3才で「何かおかしい」と気づいたら、まずは専門機関に相談し、診断の有無にかかわらず適切なかかわり方を学びましょう。発達障害でなかったとあとからわかったとしても、子育てにプラスになることが学べます。

### 発達障害の有無は確認できない時期

発達障害の特性は、生後すぐには確認できません。「よく泣く子で大変だった」という人もいれば、「手がかからず育てやすかった」という人もいます。「おかしいな」と感じたら、気になる様子をメモしておきましょう。

9才

6才

3才

0才

診断がつく時期

親が気づく時期

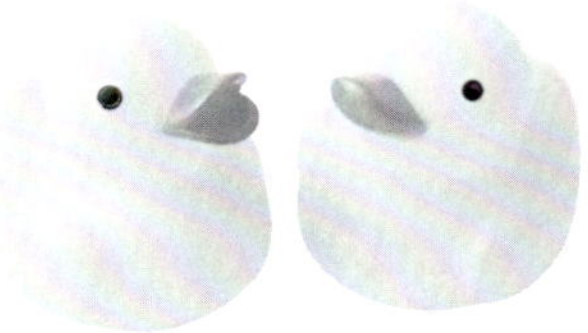

## 人を頼り、人に頼られ自分らしく生きる人に

発達障害があろうとなかろうと、子育ての最終目標は「自立」です。経済面でも生活面でも、そして心の面でも自立した大人にすることが目標といえます。

では、「自立」とはなんでしょう。それは、「だれにも頼らずに生きる」ということではありません。自分でできることは自分でやり、必要に応じてだれかを頼ることができ、そしてだれかに頼ってもらえる人になることです。一人で立つのではなく、社会を支える役割を担う人になれることが「自立」なのではないでしょうか。発達障害だから自立できない、などということはありません。

ただしそのためには、親の子育てへの向き合い方が大切です。

発達障害を持つ子は、基本的にとても素直でまっすぐな性質です。親や周囲のかかわり方がよければ長所を伸ばし、その子らしさを保って自立した人間に成長

赤ちゃん〜成人までの見通し

12才

### 思春期に向けて ていねいな サポートを

周囲の成長に比べて子どもっぽく、不安になる時期ですが、年齢にかかわらずていねいなサポートが必要です。人間関係のトラブルが深刻化する可能性もあるので、情報を集めるなど、他者との関係で何が起きているのか把握しましょう。

### このころ周囲との ズレに気がつく こともあります

発達障害に気づかずに過ごしていた子が、このころになって「周囲から浮いてしまう」「勉強についていけない」などの問題に悩まされるケースも。性格や努力の問題だと厳しく叱っても、問題は解決しません。特性を理解しましょう。

13〜15才

### 進路について 親子でしっかり 話し合いを

義務教育を終えて、そこからどんな学校に進むのかは、人生の大きな岐路です。得意なこと、苦手なことを子どもとともによく話し合いましょう。選択肢をあげたうえで親の理想を押しつけるのではなく、本人の意思を伝えます。

18才

### 自立の道を 探す時期。 親は選択肢を示して

大学、専門学校、就職など進路が多岐にわたる時期。親が考えたいのは、どんな道ならこの子が自立し、収入を得て生きられるかということです。わが子の特性を考え、子どもに選択肢を提案できるようにしておきましょう。

20才

### 自分の特性を きちんと理解し 自己管理を

この年齢までに、子ども自身が自分の特性を理解し、苦手なことをメモやスケジュール表などで自己管理できるようになることが理想です。複雑な社会のルールに適応するすべを、しっかりと身につけさせましょう。

していけるでしょう。しかし、周囲の不適切なかかわりが続くと二次障害が強く出てしまい、反社会的(非行や犯罪など)、あるいは非社会的(引きこもり、不登校など)な行動に至ることがあるかもしれません。

## 発達障害に気づいたら より適切な対応を目指す

わが子が発達障害であるという事実は、親にとって大きなショックです。自分を責めることがあるかもしれません。でも、だれが悪いわけでもないのです。悲観的になって落ち込むよりも、子どものために何をすればいいのかを、前を向いて考えてほしいのです。自治体や医療機関の相談やさまざまなサービスを利用して、できる限り適切なかかわりを持つようにしましょう。

子育てのプロセスでは、さまざまなトラブルが起きるでしょう。友人関係や学校での問題だけでなく、親自身がわが子とのかかわりに悩むことも多いはずです。でもそれは、発達障害かどうかに関係なく、すべての親が経験することです。わが子の長所を探して、わが子を理解しながら、少し先の道を照らしてあげてください。

# 0～1才のころ

## 大切なのは、子どもが心地よく過ごせること。信頼できる相談先を見つけましょう

### たとえ反応が薄くてもたくさん話しかけてあげて

0才台で発達障害に気づくことは、あまりありません。1才半健診で「様子を見ましょう」と言われるかもしれませんが、診断がつくのはもう少し先です。

「もしや」と感じることがあったら、自閉スペクトラム症やADHDについて調べてみてください。そこに書いてあるかかわり方を知ることは、たとえ発達障害でなかったとしても役立つはずです。赤ちゃんが不安や恐怖を感じないで心地よく過ごせるように、心をくだきましょう。「発達障害を治そう」とばかりに、イヤがることをさせてはいけません。

反応が薄い、笑わない、といった様子は割合よく見られます。でも、話しかけたり笑いかけたりするのをやめないでください。たとえ反応が薄くても、赤ちゃんは親からの働きかけがわかっていないわけではありません。愛情の強いきずなをつくるこの時期、大好きだよという親の思いをたくさん伝えてください。

実は日本は、乳幼児の発達障害へのケアがまだまだ手薄です。それでも地域の保健所や小児科などには、誠実に発達障害に向き合い、サポートしようとしている人がたくさんいます。そういう専門家をぜひ見つけてください。不安や気がかりが打ち明けられると気持ちがラクになり、子どもに対しても、どんどん好ましいかかわり方ができるようになります。

### この時期の子育て Point

- 生後すぐには特性に気づかないことが普通です。
- 気になることはほうっておかず、健診の場などで聞いてみましょう。
- 感覚の過敏性がある赤ちゃんは、環境にも敏感である可能性が。心地よい環境づくりを心がけて。
- 反応が少なくても、語りかけ、笑いかけをしましょう。
- ママやパパが不安を伝えられるサポーターを見つけましょう。

# よく泣く 泣きやまない

ちょっとした物音ですぐ目を覚まし、泣き続けます。抱っこしても泣きやまず、ヘトヘトです。（8カ月）

# ママが休める態勢を整え、音や光の刺激を極力避ける

## 夜泣きの大変さを分かち合う人を

体調や空腹、おむつもチェックしてようやく寝かしつけたのに、ちょっとした物音で泣き始める、うっかり明かりをつけたらいきなり泣き出して止まらない――。赤ちゃんがささいなことで眠りから覚め、毎晩激しく泣き続けるようではママも眠れず、つらいことでしょう。自閉スペクトラム症によく見られる特徴のひとつに、感覚過敏があります。よく泣く赤ちゃんは、この特性を持っているのかもしれません。

まずは、ママが少しでも眠れる方法を考えましょう。週末はパパが寝かしつけを担当する、実家の両親を頼るなど、助けてくれる人を探しましょう。どうしても夜に寝られないなら、昼間の家事を少しサボってでも、赤ちゃんといっしょに昼寝をしてください。部屋が汚くても、料理が手抜きでも、今はママの心の健康以上に大事なことはありません。

赤ちゃんにはきっと、泣く原因があるのでしょう。左にその代表的な例をあげてみました。感覚が過敏な子は「慣れる」ということができません。環境を変える努力をしたほうが、お互いにストレスが減るのです。感覚の過敏さは4～5才までに落ち着くことが多いので、しばらくは子どもに合わせてあげてください。

**光**
強い光が苦手な子は、蛍光灯や太陽の光でも不安定になります。照明をかえると改善することもあります。

**におい**
ママが無香料の化粧品にかえたら、抱っこをイヤがらなくなったというケースも。

**味**
ミルクの種類や、離乳食の硬さや舌ざわりが変わると食べなくなることがあります。

**肌ざわり**
洋服やタオルのゴワゴワ感をイヤがる子や、化学繊維の肌ざわりをきらう子もいます。

**空気**
窓から吹き込む風やドアの開閉で、室内の空気が少し動いただけで泣き出す子もいます。

**音**
聴覚が過敏だと掃除機や換気扇、トイレを流す音などの生活音にも強い反応を示すことが。

# 子どもの要求がわからない

「泣き声を聞けば、泣く理由がわかる」と言う人がいますが、私にはわかりません。早く言葉を話すようになってほしいです。（1才2カ月）

# 泣くのは不快のサイン。おむつや空腹のチェックを

## 赤ちゃんからのメッセージを厳密に考えすぎないで

毎日赤ちゃんのお世話をしているうちに、泣く理由がなんとなくわかるようになってきたというママは多いものです。実際には間違っていることもあると思いますが、試行錯誤しながら少しずつ心を通い合わせていくのがこの時期です。

一般的に、赤ちゃんが泣くのはそれほど複雑な理由からではありません。おなかがすいた、おむつがぬれていて気持ちが悪い、体調が悪い、眠いのに寝つけない、暑い、寒い、などの生理的な不快感がその主な理由です。赤ちゃんが泣き出したら「わからない」とあわてずに、まずはこうした不快感が原因ではないかと考えてみましょう。赤ちゃんからのメッセージをあまり厳密に考えすぎずに、お世話の基本を押さえます。

一方で、出産から慣れない育児と続く日々の中でママが疲れ切ってしまい、赤ちゃんのメッセージを受け止められていない場合もあります。「産後うつ」の可能性も考え、できるだけ心と体を休ませるようにしてください。

自閉的な傾向のある赤ちゃんだと、肌にふれる寝具の素材が変わっただけで不機嫌になったり、音や光に敏感に反応して泣き出したり、などということがあるかもしれません。基本的なお世話をしても泣きやまず、反応が過敏などの気になる様子があったら、かかりつけの小児科医や、地域の保健所などに相談してみましょう。発達障害が疑われるようなら、できるだけ早い時期から適切な対応をすることが、その後の成長にとてもいい影響を及ぼします。

### 相談できる相手を探しましょう

発達障害が疑われる場合の窓口としては、地域の保健所、児童相談所、各都道府県の発達障害者支援センターなどがあります。日本小児神経学会のホームページにある「小児神経専門医」や「発達障害診療医」を訪ねても。ただし、この時期に発達障害とはっきり診断するのは、専門家でも難しいもの。今の悩みを聞いてもらう気持ちで訪ねてみましょう。

# 「産後うつ」になっていませんか？

## 産後の急激な変化で気持ちにも変調が

「赤ちゃんの様子がおかしい」と、何度も小児科を訪れるお母さんがいます。医師の診察では特に問題はなく、「大丈夫ですよ」と言われても納得できません。「抱っこをイヤがる」「笑わない」と心配ばかりが募るのです。こうした赤ちゃんの中に発達障害の子が含まれていることもありますが、子どもには問題がなく、お母さんが産後うつだった、というケースもあります。

出産、それに続く育児は、大きなストレスでもあります。喜びの影に ある重大な産後うつを言い出せないことも多いでしょう。産後うつは出産した女性の10~15%に起こるというデータもあり、決して珍しい病気ではありません。産後2~3週間から症状が出始め、通常は1~2カ月で回復します。しかし、中には数カ月以上続くこともあります。

## できるだけ体を休め、周囲に助けを求める

もしも赤ちゃんに発達障害があった場合、お母さんの心の安定はとても大切です。もちろん、どんな場合でも親の心の安定は育児には大切ですが、発達障害の子は感覚が過敏だったりコミュニケーションがとりにくかったりすることから、日々のお世話によりきめこまかい気配りが必要です。お母さんの心が疲れ果てていては、とてもその要求にこたえられません。

左のリストは、うつの時によく見られる症状です。もし当てはまるものが多いようなら、産後うつを発症しているのかもしれません。

体力的な負担ができるだけ軽くなるように、家族や友人に助けを求めましょう。精神科や診療内科を受診する際は、薬によっては母乳に影響することもあるので、納得がいくまで相談しましょう。また、自治体の「発達相談」では、子どもだけでなくお母さんの相談にも応じてくれますよ。

### こんな症状はありませんか？

- □ 気分が落ち込む
- □ 不眠が続く
- □ 食欲がない
- □ 関心があったものに、急に関心がなくなった
- □ 育児に自信がない
- □ 子どもや自分の将来が不安だ
- □ 育児に神経質になりすぎる
- □ 夫に愛情を感じない
- □ 夫婦関係を持ちにくい
- □ 子どもをかわいく思えない
- □ 人と会うのがめんどうになる
- □ 育児を放棄してしまうことがある

産後うつの診断リストではありません。いくつもの項目に当てはまるようなら、医師や保健師に相談しましょう。

# 2〜3才のころ

## 「ほかの子と違う」という特性が見え始めてきます。できるだけ早くサポートを受けるのが理想です

### 早期療育を目指して積極的に問い合わせを

2才を過ぎると、自閉スペクトラム症の特性が目立ち始めます。言葉が出ない、歩こうとしないなど、ほかの子とは違う姿に親は気づきます。医療機関に相談しても、まだ診断がつかない場合が多く、「勘違いかもしれない」と、放置しておきたくなる気持ちもあるでしょう。

しかし発達障害がある場合は、早いうちから適切な対応をすることで、言葉に頼らないコミュニケーション方法や、感覚過敏をやわらげる方法を学ぶことができます。それらを身につけることは、結果的に発達障害がなくても、子どもにとってはとてもよいことです。

療育を受けさせたい場合、まずは保健所や役所の福祉課に相談してみましょう。児童発達支援事業所や、児童発達支援センターなどを紹介してもらうことができるでしょう。自治体が運営している施設や、民間に委託している施設などさまざまですが、児童福祉法に基づいた施設であれば、1カ月数千円程度で利用できることが多いようです。

反応が乏しい、かんしゃくがひどい、寝ない、食べないなど、親は発達障害の子育ての大変さに直面する時期だと思います。でも、早い段階で気づけるのは、すばらしいこと。子どもといっしょに、スモールステップで親として成長していきましょう。

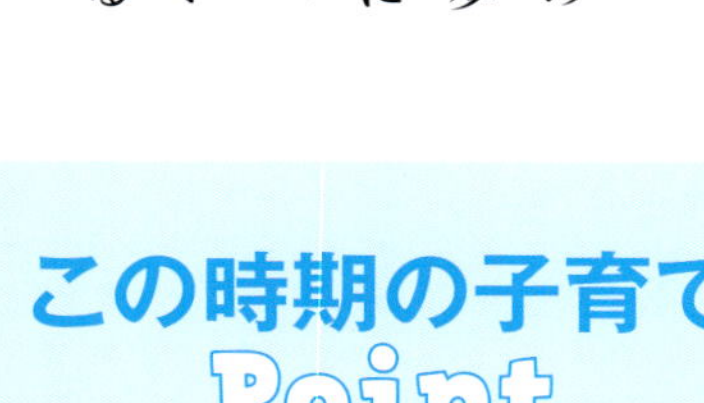

### この時期の子育て Point

- 2才になっても話さない、歩かない、という場合は医師や保健師に相談を。
- 発達障害の可能性があれば、できるだけ早く適した療育を開始します。
- 家庭では、わが子が「困っていること」をできるだけ軽減する工夫を。
- 「パパやママといっしょにいると楽しい」という経験をさせましょう。
- 入園に向けて、わが子に合う園を探し始めます。

# 言葉が出ない

言葉がほとんど出ません。
話しかけても反応がないので、
あまり話しかけなくなりました。（2才1カ月）

# 反応がなくてもどんどん話そう。いつか心の窓が開きます

## 子どもの心の“小さな窓”を見つける

会話は、相手の反応があってこそはずむものです。無表情で座っている子を相手におしゃべりを続けるのは、たとえ親でも難しいものですよね。

でも、よくよく見ていると、その子なりに微妙な反応をすることがあります。それに気づいたらすかさず、「笑ったね！」「うれしいんだね」と返してあげてください。少しずつ、心がつながったと感じることが増えてきます。これが「共感性の窓」です。

自閉スペクトラム症の子の「窓」はとても小さくてわかりにくいのですが、それに気づけるのは医者でも福祉の専門家でもなく、やはり親なのです。

発達障害の子は、コミュニケーションの困難さを抱えています。言葉が出ているのに会話として成立しないこともあります。ですから、大事にしたいのは「言葉が出るかどうか」よりも「心がつながるかどうか」です。きれいな花を見たら「きれいだね」と言葉をかける。くすぐり遊びでちょっとした興奮を楽しむ。そんな時間を日々重ねるうちに、「家族でいると楽しい」ということがわかってきます。ぎこちないながらも笑いが出れば、それは声を出す練習にもなります。

そういう遊びそのものをイヤがるようなら、一人遊びをする子の隣で、親も同じ遊びをしてみましょう。向き合うのではなく、90度ぐらいの角度で並んで座り、「あー、積み木くずれちゃった」などと遊ぶ姿を見せるのです。あせらずに、「子どもとの楽しい時間」を見つけましょう。

# 激しいかんしゃくを起こす

テレビの音量が変わったとか、
トイレがくさかったとか、
ささいなことでかんしゃくを起こし、
なだめてもおさまりません。（3才5カ月）

# 「イヤだったね」と言葉をかけ、あとはそっと見守りましょう

## 押さえつけるとますます興奮します

テレビをつけたら大声で泣き出した、トイレに行かない！と地団太を踏むなど、何かのきっかけでかんしゃくを起こすことがあります。その程度は激しくガンコで、どうすればいいのかわからない、と途方に暮れる親もいます。

親にとっては、ささいなことかもしれません。テレビの音量もトイレのにおいも、泣くほどのことではないと思いますよね。でも、この子にとっては強い恐怖や混乱に陥ってしまうほどのつらさだったのです。感覚の過敏さがもたらすかんしゃくを理解するのは、難しいかもしれません。でも、「つらい」というその気持ちには共感してあげてください。

かんしゃくを起こしたらどうするか。その場に危険なものがないなら、そばで見守るだけでいいと思います。本人がイヤがらなければ、抱っこしてあげてください。壁に頭をぶつけるなどの自傷行為をやめさせようとして押さえつけると、ますます興奮します。壁にクッションをあてるなどして被害を最小限にしながら、クールダウンを待ちましょう。

感覚過敏は、4～5才がピークといわれます。ある程度落ち着くまでは、できるだけ刺激を与えないように注意し、「まずそうだ」と思ったら、落ち着ける場所に連れて行くなどの対応をしましょう。

もし、普段かんしゃくを起こすところをがまんできたら、「泣かずにがんばったね。えらかった！」と言葉にしてほめてあげてください。

**NG**

### どなったり、叱りつけたりして黙らせる

くどくどと理由を聞く、叱りつけて黙らせようとする、などの対応をとりがちです。しかし、こうしたやり方は効果がないだけでなく、子どもがますます混乱してかんしゃくがひどくなります。

**OK**

### 原因をとり除き、静かに見守る

感覚過敏を刺激しているものがあればとり除き、あとは気持ちが落ち着くまで待ちましょう。ものにぶつかったり転んだりしないよう、危険なものは遠ざけます。静かな場所に移動してもいいでしょう。

# 偏食がひどい

食べられるものが極端に少なく、
栄養バランスが
悪くなっているのではと心配です。（3才）

# 子どもが好物だけを食べ続けても心配しすぎない

## 初めての食べ物には抵抗を示します

せっかく作ったのに食べてくれないと、腹が立つこともありますよね。でも、発達障害の子どもは、味覚に関しても独特の敏感さを持っています。「食べられない」というからには、それなりの理由があるのでしょう。好ききらいはよくないという気持ちがあるので、親は偏食を克服させたがりますが、「しかたがない」と割り切ることも大事です。

栄養バランスがいいに越したことはありませんが、「炭水化物」「たんぱく質」「ビタミン・ミネラル」が多少なりともとれていれば、病気になるようなことはありません。食べられる野菜がミニトマトだけなら、毎日ミニトマトでいいのです。食事の時間にイヤな気持ちにならないよう、食べられるもの、好きなものだけを食卓に並べる対応でかまいません。

そのうえで、苦手食材をミキサーにかけてなめらかにしてみる、くたくたに煮てやわらかいスープに仕立ててみるなど、少し工夫もしてみましょう。食べたことのないものへの恐怖心もありますから、まずは親がおいしそうに食べている姿を見せるのもいいでしょう。そうして、スプーンに一口分をのせて、「これだけパクンと食べてみようか」と声をかけます。一口だけでも食べられたらシールを貼る、などのお楽しみがあると、子どもの励みになるかもしれませんね。

毎日少しずつ少しずつ、無理のない範囲で、楽しく挑戦させてあげてください。

### Step1 苦手の理由を考えて

「かみにくい」「ざらざらする」などの触感をきらう子もいます。調理方法の工夫などで食べられるようになることもあります。

### Step2 代用できる食品を探す

工夫をしても食べないようなら、同じような栄養がとれる食品でOKと考えましょう。多少栄養バランスが悪くても、大丈夫です。

### Step3 食べられたらほめる

「やったね」と言葉でほめるのもいいのですが、食べられたらシールを貼るなど、達成感が得られるお楽しみがあると効果的です。

# 注意しても言うことを聞かない

スーパーで勝手にお菓子をとってきたり、道路に飛び出したり。何度注意しても繰り返します。（3才8カ月）

# 「どうすべきか」をそのつどていねいに伝えていきます

## 「○○しちゃダメ」ではなく「△△しよう」に

やりたいことがたくさんあるお子さんなのでしょう。欲しいお菓子があると持ってきてしまったり、「あっちに行きたい」と思うと見境なく飛び出してしまったり……。社会のルールや自分の身を守ることを教えなくてはいけませんが、何度言っても同じことを繰り返すのは、こういう子の特性です。

まず、大前提。エネルギーの高い子どもは、その時の興味で頭がいっぱいです。そのつど、根気強く注意を与える必要があります。その際の、いくつかの基本ルールを確認しましょう。

**①否定ではなく、どうすればいいのかを具体的に言う**

「△△しちゃダメ!」と言うのではなく、「○○しよう」と肯定的に注意します。「ダメ」と言われても、どうすればお菓子が手に入るのか、イメージがわかないので同じことをしてしまうのです。

×「お菓子を勝手に持ってきちゃダメ」
○「お菓子はママといっしょに選ぼう」
×「道路に飛び出しちゃダメ」
○「向こうに行きたい時は、信号を見ましょう。青い信号になったら渡ります」

といった具合です。

**②危険な行動は瞬時に止める**

### スーパーで走り回って困る!

スーパーやショッピングモールなどの広い場所に行く時に、ママの手を振り切って走ってしまう男の子。さて、どうする?

対策

### 店に入る直前に予告

いつも走ってしまう場所が近づいたら、「今日はママと手をつないで、ゆっくり歩くよ」「もし急いで行きたい場所があれば、ママに教えてね」と予告します。

### スーパーの中では手をつなぎ、声をかける

約束どおり、スーパーの中で手をつないでくれました。時間がたつと忘れてしまうので、こまめに「手をつないでくれてママうれしいな」などと声をかけて励まします。

道路に飛び出すのはとても危険な行為です。もしも飛び出そうとしたら、全身で止めましょう。スーパーで購入前のお菓子を食べようとするなど、大きなルール違反もさせてはいけません。やる前にストップをかけることが重要です。

**③叱る時は短く、きっぱり**

ストップをかけたら、真剣な顔で叱ります。ダラダラと理由を話したり、体罰を与えたりするのではなく、目を見て、短い言葉できっぱりと「飛び出してはいけません！」と真剣に言います。

## 事前に約束をしてできたらたくさんほめる

この①～③は実際にやってしまった場面になりますが、本来は、こうした行動をさせないことのほうが大事です。

そのためには、事前に「道路に飛び出すのはなぜいけないのか」について、子どもに理解できるように説明しておかなくてはいけません。「道路を歩く時は手をつなぐ」「気になるものが見えたら、ママに『あっちに行きたい』と言う」など、場面を設定して、家の中で手をつないで歩く練習をしてみるのもいい方法です。

それでも、その場に着くとやっぱり忘れてしまいます。家を出る前、スーパーに入る前、車通りの多い道路に出る前などに、「スーパーでは走らないんだよね」と、声をかけます。そして問題なく買い物をすませられたら、その場ですかさずほめます。「〇〇できてえらかったね」と、ほめる理由を必ず添えてほめること。そうしないと、なぜほめられているのか、ピンとこない子もいるからです。

子どもの年齢によっては、ポイント制やゴールカード（P108・109参照）を使って、ごほうびをあげてもいいでしょう。小さい子は、「カレンダーに好きなシールを貼る」というだけでも、とても喜ぶものです。

しかし、1回できても次もできるとは限りません。できなくても、危険なこと以外は叱らないこと。出かけるたびに何度でも言い聞かせ、うまくできたらほめる――。これを繰り返しているうちに、自然にできるようになってきます。1回ではできなくても10回やればできるようになる――小さなステップを積み重ねていきましょう。

### できたらほめる

レジに着くまで走らずにいられたら、必ずほめましょう。ごほうびは「好きなおやつを選ぶ権利」や、「ママのごほうびのギュー」など。

### 失敗したら

もしも走ってしまったら、店の隅の静かな場所に移動し、「走ったのはいけなかったね」と目を見て静かに注意します。叱るのではなく、注意するというスタンスで。

日ごろ、ほめていますか？

### ほめることで「叱る」効果が高まります

叱ることが効果をもたらすためには、「何が正しい行動なのか」を子ども自身が知っていなくてはいけません。「これが正しい行動だよ」と教える行為が「ほめる」です。

言葉で「こうしなさい」と言われても、ピンときにくいものですが、実際にやった行動に対して「えらいね」とほめられれば「正しい行動なのだ」と理解します。また、日ごろほめられている子は自尊感情が高くなり、叱られるような行動を自主的に控えるようになります。こうして、自己コントロール力がついてくるのです。

## ひどい夜ふかし

とても寝つきが悪く、
2時、3時まで寝ないことも。
深夜に一人でテレビを
見ていたこともあります。（2才6カ月）

# “早寝早起き”ではなく、“早起き早寝”でリズムをつくる

### 就寝前のルーティンで安心して眠りに

「うちの子、昼夜逆転してしまっています」と嘆く発達障害の子のママは少なくありません。家の外での遊びが少なくてなかなか眠くならない、遊びを途中で切り上げるのが苦手で夜中まで遊び続けてしまう、眠るのがきらいでなかなか布団に入ろうとしないなど、生活リズムの乱れにはさまざまなケースがあります。

早寝早起きは体のリズムを整え、気持ちの安定にもつながるのでぜひ実践したいもの。そのためには「夜早く寝かせる」よりも、「朝早く起こす」ことから始めたほうがうまくいきます。早寝早起きではなく、早起き早寝というわけです。朝は眠くてぐずってもなんとか起こし、子どもの好きなものをしっかりと食べさせます。その後は行き慣れた公園や児童館などでたっぷり遊ばせ、夕食の時間も早め早めを心がけましょう。

テレビやゲームは脳を覚醒させてしまいます。就寝時間の2時間前くらいには消しましょう。

就寝前には、「眠る前のルーティン」をとり入れると、スムーズにベッドに向かうことができるかもしれません。たとえば、パパやぬいぐるみ、家具などにひと通り「おやすみなさい」とあいさつをして、読んでほしい絵本を3冊持ってベッドに向かう、など。毎日同じパターンであることが子どもに安心感を与え、自然に眠りにいざなわれていきます。

なお、入浴はベッドに入る1時間ほど前に終えると、就寝時間のころには体温が下がってきて眠りに入りやすくなるといわれています。ぜひ実践してみてください。

### 朝は早く起こし、外でたっぷり活動を

昼間の活動が活発だと、体がほどよく疲れて眠りやすくなります。外遊びが好きではない子は、室内で体を動かして遊べる場所に連れて行くのもいいでしょう。

### 夜は睡眠のルーティンを。毎日繰り返して

眠るのがこわい子もいます。心を落ち着かせるためにも、就寝前のパターンを決めましょう。犬のぬいぐるみを持って、パパに「おやすみ」を言って、絵本を読んでもらう、という具合です。

### 困ったら医療機関に相談を

どうしても眠れないことが続くようなら、病的なものが隠れている可能性もあります。医療機関に相談しましょう。睡眠障害と診断されれば、薬物療法を検討することもあります。

# 幼稚園や保育園はどう選ぶ？

## 困っていることを正直に伝え適切な支援をしてくれる園を選ぼう

子どもが人生で初めての集団生活を体験するのが幼稚園・保育園です。発達障害があっても保育園や幼稚園に入園することはできますし、集団生活の体験が子どもにいい影響を与えることも少なくありません。しかし、発達障害への理解がない園に入ってしまうと、そこで過ごす時間が子どもにとって苦痛になる可能性があります。

まずはいくつかの園を子どもといっしょに見学に行き、普段の園の様子を見せてもらいましょう。また園長先生などに、発達障害の可能性（診断）があること、できること・できないこと・困っていることを率直に話し、園ではどのような対応が可能なのかを聞いてみましょう。

園によっては、発達障害の子ども1人につき先生を1人多くつけてくれたり（加配）、巡回指導の先生が定期的に来てくれたりする場合もあります。発達障害の子どもの受け入れ枠を設けて、長年支援している園もあります。適切な援助を受けながら多くの友だちとかかわることができるのが、子どもにとっては最も望ましいことでしょう。

特別支援態勢がほとんどない園に入園する時には、親が園内で補助することが可能かどうかも、確認しておきましょう。

「幼児期には、じっくりと療育を受けさせたい」と思うなら、年中さんの年齢までは療育施設に通い、年長さんから幼稚園を選ぶというケースもあります。

### 保育園

**ママが就労している場合は頼もしい味方に**

保育園は、親の就労などで日中に世話できる人がいない場合に、保護者にかわって子どもを保育する、児童福祉施設です。お母さんの就労が入園の条件になるのが一般的ですが、「障害児枠」を設け、発達障害の子どもを優先的に入園させてくれる園もあります。

### 幼稚園

**園によって個性豊か。教育方針を確認して**

幼稚園は、原則として3才以上の子どもを受け入れる、幼児教育施設です。園によって個性はいろいろで、障害のある子や育てにくさのある子を積極的に受け入れている園、豊富な体験をさせて自主性を養う園などもあります。わが子に適した園を探しましょう。

### 療育施設

**定期的に通ってじっくり療育を受ける**

施設によって通える日数は違いますが、たとえば週3日など定期的に通って療育を受けながら、幼稚園の入園の時期を探るという方法もあります。ただ、知的発達に遅れがない場合には受け入れてもらえないこともあるので、事前に利用できる条件などを調べておきましょう。

# 4〜5才のころ

## 集団生活の中で「違い」が目立ってきます。あせらず社会のルールを伝えましょう

### わが子の得手・不得手を冷静に見てあげて

子どもの発達にとって、4〜5才は一つの節目になります。このころから「人の気持ち」がわかり始め、友だちと遊ぶ楽しさを実感できるようになるからです。「人がイヤがることはやめよう」という言葉が通じるのも、人の気持ちがわかるこの時期からです。ウソやいじわるを言うのも、人の気持ちを予測できるから言うのです。

ところが、自閉的な子どもの場合、このころになっても、人の気持ちがなかなか理解できません。そのため、ほかの子と違う部分が目立ってきます。この時期になって「もしかして」と気づくケースもあります。診断を受ける・受けないにかかわらず、わが子にどんな特性があるかを冷静に見きわめたいものですね。

幼児期のうちに少しずつ身についてくるマナーやルールも、ほうっておいては身につかないのが発達障害の子どもです。「ほめる」「肯定的な指示をする」が効果をもたらしやすい年齢なので、できるだけ叱らずに教えてあげましょう。

わが子の特性に早い段階から気づいていた親御さんは、将来に向けたロードマップを作ってみるといいかもしれません。わが子の得手・不得手を夫婦で確認し合い、その能力を伸ばせる道について考えてみてください。もちろん道は1本である必要はありません。臨機応変に舵取りしていきましょう。

### この時期の子育て Point

- 子ども集団の中で必要な「貸して」「ありがとう」「ごめんなさい」などを教えましょう。
- 基本的なマナーやルールは、ゆっくり教えましょう。
- 保育士や先生たちと密に連携し、情報を共有しましょう。
- 乱暴をしてしまう子は、そばにいてたたく前に止めましょう。
- 将来に向けて、どんな道があるのか、考え始めましょう。

# 食事に時間がかかる

話したり、立ち歩いたり、テレビに夢中になったりして、1時間近くかかっても食べ終わらず、毎日どなってしまいます。（4才）

# 終わりの時間を事前に伝えて食べやすくなる工夫を

## 食べ始めたタイミングですかさずほめよう

「なかなか食べ終わらない」「ダラダラ食べる」というのは、発達障害の有無にかかわらず、この時期のお子さんを持つママのよくある悩みです。

まず考えてほしいのは、お子さんが空腹なのか？という点です。おやつをダラダラ食べたり、ジュースや牛乳を水がわりに飲んだりしていませんか？　心当たりがあれば、間食の見直しが先決です。

また、子どもの視界に、おもちゃやつけっぱなしのテレビがあると、食事に集中できません。できるだけ落ち着いて食べられる環境にしておきましょう。

ダラダラ時間をかけて食べるようなら、砂時計などを置いて「これが下まで落ちる間に食べちゃおう」などと、時間が見える形で声をかけます。指先が不器用でうまく食器が使えない子もいるので、おにぎりにするなど、食べやすさもしっかり考えましょう。

おしゃべりが止まらない場合には、その話自体には加わらず、「食べてから話そう」と伝えてあとは無視していいでしょう。そして一口でも食べたら「パクパク食べてえらい！」とすかさずほめます。ほめることはとても有効です。食べ始めた時にいすに座っていたら、まずここでほめましょう。小さなことをたくさんほめられることで、食事が最後まで続けられるようになるかもしれません。

ウロウロと立ち歩くのは、すでにおなかがいっぱいなのかもしれません。怒りにまかせて「食べないなら捨てる！」などと言う必要はなく、「もういらないの？　片づけるよ」といって下げてしまいましょう。

### 食事は食べやすいスタイルにしてあげよう

ごはんはおにぎりに、おかずはピックにさして食べやすくしよう。

# お友だちをたたく

欲しいおもちゃがあると、たたいて奪いとってしまいます。幼稚園でも公園でもトラブルメーカーです。（4才）

# 手が出そうな時は親が体で止め、きっぱり・端的に叱ります

## 「人のものをとってはダメ」と、きっぱり伝える

4〜5才になると、「順番に使う」や「人のものを勝手にとらない」などが理解できるようになってきますが、発達障害の子はそれができません。まだまだ世界の中心に自分がいて、ほかの人は自分に合わせて動いているような、そんな感覚を持っているのです。

たとえそうだとしても、暴力で人のものを奪う行為は許されません。それがいけないことだというのを、教えなくてはいけません。長期的な記憶が未熟な子たちですから、あとで叱られても「なんのこと？」とピンとこないでしょう。その時・その場で！が大原則です。

公園などで遊ぶ時には、親が近くにいて、子どもが乱暴しようとしたら体を抱え込むようにして止めます。そして「これは花子ちゃんのものです。とってはいけません」と、目を見てきっぱり伝えます。そこで手を止めてがまんできたら「えらいね。がまんできたね」とほめましょう。ほめられると、子どもは再び奪おうとすることをあきらめます。

かんしゃくを起こしたら、「泣きやむまで待っているよ」と言いながら、そばで様子を見るのがいいでしょう。

## 「ありがとう」「ごめんなさい」を教えよう

奪うのをやめたら、次は「どうすればよかったのか」を教えます。つまり「貸して」と言うことです。貸してもらったら、「ありがとう」と言うことも教えましょう。そして、もしも奪いとってしまったら「ごめんなさい」と言って返さなくてはいけないことも教えます。

このような言葉は、社会を生きていくためのパスポートです。自然に出てくるよう、家庭でも教えていきましょう。

# 仲間に入れない

幼稚園では、いつも一人で遊んでいるか、先生と遊んでいます。楽しそうな遊び場に連れて行っても、私の陰に隠れて遊ぼうとしません。（5才）

# 一人が好きなら無理に友だちの中に入らなくても

## 初めての人や慣れない場所が苦手です

せっかく楽しそうな遊び場に行っても、なかなか交われない。一人でポツンと別の遊びをしている……親にとっては残念ですが、自閉スペクトラム症の特性を持つ子にとっては無理もないことです。

「一人で遊ぶのが好きなんだな」「大人といっしょのほうが落ち着くんだな」と、まずはわが子の特性を受け入れましょう。集団で駆け回っている子がうらやましくなるかもしれません。でも、一人で黙々とミニカーや人形を並べているわが子の頭の中には、思いもよらぬ豊かなワールドが広がっているかもしれないのです。「子ども時代、人形を役者に見立てて遊んでいた」という有名な脚本家もいます。

遊び場に連れて行っても遊ぼうとしないのは、初めての場所、慣れない場所がこわいせいもあるのでしょう。ママといっしょだと遊べるなら、無理に子どもの集団に入れずにいっしょに遊んであげましょう。初めての場所に慣れるのに時間がかかる子が多いので、出かける場所を一定にしたほうが安心して遊びに参加できるかもしれません。

もしもお友だちと遊びたいのにうまくいかない様子なら、遊びのルールを教えてあげましょう。「そんなことしちゃダメ」ではなく、「列のいちばん後ろに並ぶんだよ」「ブランコは10回こいだら交替だよ」というように、どのようにすればルールを守って遊べるのかを具体的に教えてあげてください。

## NG

- 無理やり集団にとけ込ませようとする。
- 初めての場所にばかり連れて行く。
- 遊べないことを叱る。

## OK

- 一人で遊んでいても大丈夫と考える。
- 落ち着いて遊べる環境を見つける。
- ママがいればほかの子とも遊べるなら、いっしょに遊ぶ。
- 大人が相手をする。

# 小学校は「通常学級に入れれば安心」ではありません

## どの学校を選ぶかは十分な吟味と検討を

知的な障害がある場合や、重度の発達障害がある子のためには、「特別支援学校」があります。しかし、発達障害があっても知的障害が軽度、あるいは知的障害がない場合には、基本的には通常の小学校へ入学します。その場合に「通常学級」を選ぶのか、学校の中に「特別支援学級」が設置されている場合はそちらを選ぶのかは、難しい判断です。

自治体では、入学前年（年長児）の子を対象に就学相談を行っています。それぞれの学校の特性について教えてもらいながら、わが子の状況を伝えて率直な意見を聞いてみるといいでしょう。選択肢となる学校を一通り見学することも重要です。

秋になると就学時健診が行われます。これは翌年４月に入学予定の子どもを対象に、身長体重測定、発達検査、内科・歯科・耳鼻科・眼科の健診などを行うものです。その結果を受けて、各自治体の就学指導委員会が進学先の学校についての提案をすることがあります。ただし、必ずしもこれに従う必要はなく、最終的な決定は親にゆだねられています。

## 通常学級での生活がいい影響を与えるのか

親はとても迷うと思いますが、基準は「楽しく通えるか」「問題なく学ぶことができ、学習を深め、広げることができるか」です。

通常学級に行ければいい、と考える人もいますが、発達障害という特性を持つ子にとって、通常学級が常に最良の選択というわけではありません。クラスメートや保護者がみんな、子どもの特性を理解してくれるとは限りません。問題のない子と見なされて、本来受けられる支援が受けられない場合もあります。

ですから、できるだけ早く選択肢の学校を訪れ、支援態勢や教育方針を確認し、不安なことは率直に相談しましょう。通常学級に入る場合にはなおさら、支援のない環境で子どもがつらい思いをしないですむ配慮が、絶対に必要です。

## 特別支援学級

### 学校内にあり通常学級との交流も

小学校・中学校内に設けられている、心身に障害を持つ子のための少人数の学級。以前は「特殊学級」と呼ばれていたクラスで、現在は「特別支援学級」に変更になっています。学校によって「なかよし学級」「10組」など個別の名称があります。ただし、特別支援学級を設けていない学校、身体障害児のみが対象の学校もあります。

少人数指導で個々の障害に応じた指導を受けられるという面では特別支援学校と同様ですが、教科学習や行事、給食、休み時間などに、通常学級の子どもたちと交流する機会があります。

**得られる教育や支援**

一般の子どもたちとの交流を持ちつつ、障害の状況に応じた個別の配慮をしてもらうことができる。きょうだいと同じ学校に通わせることが可能。

**問題点**

教員は特別支援専門でなくてもかまわないので、経験に個人差がある。学校で1クラスのみの場合も多く、学年別の授業が成り立ちにくいことも。

## 特別支援学校

### 専門資格の教員によるていねいな指導

心身に障害を持つ子どもたちのための専門の学校。以前は「養護学校」と呼ばれていました。1クラス数人と人数に制限があり、教員の目が届きやすいようになっています。特別支援教育に特化しているため、校舎にも子どもたちが過ごしやすい配慮がなされています。原則として教員は、通常の教員免許のほかに特別支援学校教員の免許が必要なので、発達障害についての専門知識も豊富です。校内の子どもたちへの教育のみならず、近隣の学校への特別支援教育への助言や支援も行っています。

**得られる教育や支援**

教員に専門知識があり、学校内も構造化されている。1クラスの人数が少なく、個別指導が充実。生活面や社会性の指導も行われている。

**問題点**

障害のない子どもとのふれ合いが減り、さまざまな社会的な刺激を受けにくくなる。

# 通常学級に入学した場合でも支援を受けることができます

## 全国すべての学校で「特別な支援」を

実際にはまだまだ自治体により差がありますが、現在、すべての学校に「特別支援教育」の充実が求められています。障害のある子もない子も充実した学校生活を送り、自立できる指導を行うというものです。

それに伴い、公立小学校には「特別支援教育コーディネーター」が置かれています。これは、一定の研修を受けた教職員が担うもので、保護者からの相談に対応したり、福祉機関との連携を図ったりしています。

また、「校内委員会」も設置されています。これは、校長、教頭、特別支援教育コーディネーターなどの教員による委員会で、支援の必要性のある子に早く気づき、その子をどう支援すべきかを話し合う場となっています。

自治体や学校によって差はありますが、通常学級に入っても支援を受けることはできます。その場合、遅くとも入学前の2月ごろまでに、以下をリストにして学校に相談しましょう。

・ほかの子への関心の向け方
・じっと座って話が聞けるか

## 通常学級

週1回程度

### 30人前後の子どもが一斉授業を受ける

生徒が机を並べて、一斉に先生の話を聞くというスタイルの授業形式です。カリキュラムが決まっており、一定の基準に基づいて成績がつけられます。

小学校の授業は45分間で、トイレなどは休み時間中にすませなくてはなりません。一部の教科では先生や教室がかわるなど、わかりにくい面もあります。体育の時間の前には着替えが必要です。行事には全員参加が原則ですが、事情によっては配慮してもらえることも。

### 得られる教育や支援

さまざまなクラスメートとかかわりながら、子ども時代を過ごすことができる。高校や大学、就職といった、将来の選択肢が増える。

### 問題点

集団生活になじめない、友だちの中で浮くなど、違和感を抱くことも。一斉授業についていくことができないと、学力低下も心配に。

### 自治体によっては 学習支援員がサポートに

学校が必要性を認めた場合、発達障害のある子などに「学習支援員」などの名称で補助教員のサポートがつく。自治体によって対応が違うので、確認が必要。

・走る、跳ぶなどの運動能力
・トイレや食事、着替えが一人でできるか
・文字、数などへの興味関心
・できること、得意なこと
・できないこと、苦手なこと

学校には教育方針や、補佐を入れてもらえるかどうか、パニックが起きた時の対処方法などを質問しましょう。また、自閉スペクトラム症の子の場合、決まった日程があったほうが生活しやすいので、1日の時間割を事前に教えてもらい、生活リズムを学校に合わせせながら準備するのがいいと思います。

## 通級指導教室を上手に利用する

入学してからは、担任の先生との連携が非常に大事になります。家庭訪問や個人面談ではいちばん最後の順番を希望し、しっかり時間を確保して聞いてもらいましょう。また、クラスでのわが子の様子を身近に感じられるように、PTAの学級委員などを引き受けてみるのもおすすめです。

通常学級に籍を置きながら、発達障害の子どものための通級指導教室（特別支援教室と呼ぶ場合もある）に通う方法もあります。少人数の指導を通して社会性やコミュニケーションの方法を学ぶことができます。個別指導の時間もあるので、その子の弱点に応じて学習指導をしてもらえることも。P178に実際のレポートがありますので、参考にしてください。

## 通級指導教室

### 定期的に通って必要な指導が受けられる

発達障害の特性を持っている子どもが、通常学級に籍を置きながら、週1回程度通うことのできる特別支援のための教室です。通常学級の指導だけでは能力を伸ばしきれない子のために、コミュニケーションやソーシャルスキルの指導をします。また、運動が苦手な子が多いので、体をバランスよく使うための運動指導なども行っています。多くの場合、何校かに1つ設けられているため、自校以外の学校に通う場合には、その日だけ親が送り迎えをします。

### 得られる教育や支援

通常学級に籍を置きながら、コミュニケーションや社会性を身につけることができる。少人数指導なので、落ち着いてとり組める。

### 問題点

自分の学校以外の教室に通う場合、親の送り迎えが必要なことが多い。週1回程度では、必要なことが学びきれないという指摘もある。

## 通級指導教室が各小中学校に作られる動きも

現在、すべての学校に通級指導教室を作る動きが進み、他校への通級が不要になる自治体も多くなっています。専門の指導員が巡回し、発達障害などの特性を持つ子たちが同じ学校内の特別支援教室に週1回程度通っています。自校内にあるので、親の送り迎えは不要です。

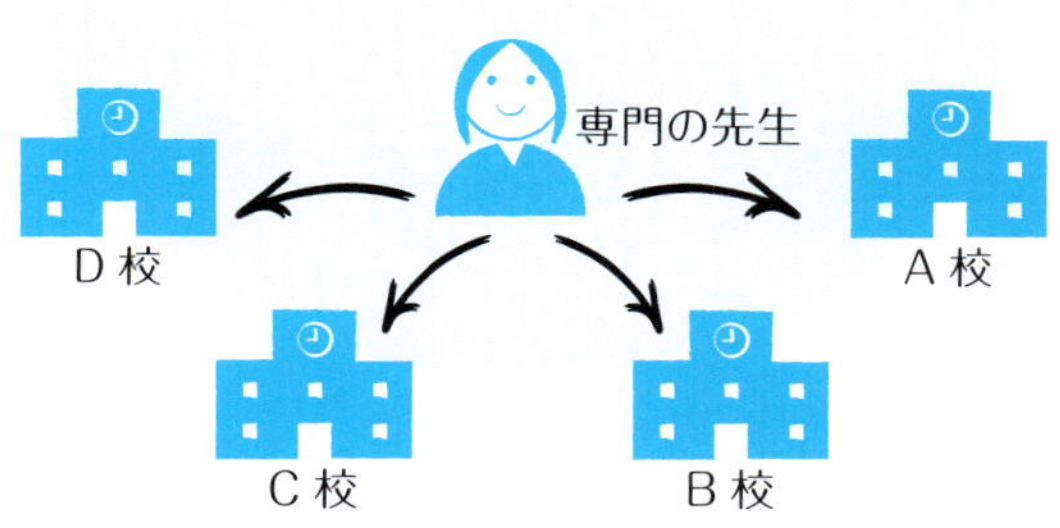

# 6～8才のころ

## 小学校での一斉授業、集団行動がスタート。学校としっかり連携して子どもを支えましょう

### 学校の先生との信頼関係を大切に

この項では、「発達障害の特性を持ちながら、通常学級に在籍している子」を前提にお話しします。

発達障害の特性を持つ子の親にとって、小学校入学は心配なことが山ほどあります。先生がたに迷惑をかけないか、友だちにいじめられないか、忘れものやなくしもので困らないか……。不安のあまり、これまで以上に失敗が気になり、ついガミガミ言ってしまうかもしれません。

でも、少し見方を変えてみませんか？　学校の先生がたは、子どもの評価をする人ではなく、子どもをいっしょに育てる仲間です。学校生活で、最も頼れる存在だと思ってください。

入学時や進級時の最初の個人面談の時に、担任の先生にはわが子の状況を率直に説明しておきましょう。可能であれば、特別支援教育コーディネーターの先生にも同席してもらえるといいですね。

何か問題が起きた時は、親は「こうしたらうまくいった」ということを、先生に積極的に伝えましょう。また、親が気づいていない点を先生に指摘されたら、素直に受け止めましょう。親と学校がいっしょに子どもを育てていく姿勢でいたいものですね。

### この時期の子育て Point

- 学校との連携を密にして、チームでわが子を支えていきましょう。
- 子どもが自信を失わないよう、苦手なことは手厚くサポート。
- 学校と家庭、同じことで何度も叱らないように注意しましょう。
- 「どうすればいいか」は、引き続きていねいに教えます。
- 叱りすぎに注意。どんどん反抗的になっていきます。

# 登下校が心配

娘の通う小学校は、朝は集団登校ですが、帰りはそれぞれです。
無事に帰ってこられるのか心配です。
毎日お迎えすべきでしょうか。（6才）

# 入学前から登下校の練習を。ご近所にもあいさつしておこう

## 危険な場所や通学路を示すマップを作ろう

交通事故や、子どもを狙った犯罪に巻き込まれることは、何よりも避けたいものです。登下校は常にだれかがつき添えるのならいいのですが、子どもだけで通う場合には入学前から何度も練習しておきましょう。

練習は、登校時間・下校時間に合わせることが大事。最初のうちは親子いっしょに歩き、交通量の多い道や不審者がひそみやすい場所などがないかどうかを確認し、そのつど注意を促しましょう。行きと帰りでは見える景色が違うので、曲がり角などの目印を教えます。通学路以外の道を通ってはいけないということも、しっかり伝えましょう。

視覚的な情報に強い発達障害の子には、「ご近所マップ」がおすすめです。子どもの行動範囲を手書きの地図に描きおこし、学校までの道順や曲がり角の目印、危険な場所をメモしていきます。また、「110番の家」（何かあったときに子どもが駆け込める民家）の場所も書き込んでおくといいでしょう。

ランドセルには防犯ブザーをつけ、その使い方を説明することも忘れずに。感覚過敏がある子の場合、大きな音を恐れて使えなくなる可能性もあります。ブザーではなく、大きな声を出す方法も教えておくと安心です。

普段からできるだけ近所を子どもと歩き、顔見知りを増やしましょう。「学校に通うのでよろしく」とあいさつをしておくといいですね。

### 自閉スペクトラム症の子なら

**通学路が使えない時の迂回路について説明を**

自閉スペクトラム症の子の場合、「いつもと違う」と混乱します。でも、通学路にも道路工事で通行止めになったりする可能性はあります。工事の情報は逐一チェックし、「今日からはこっちの道を通って帰ってくるんだよ」と事前に説明しましょう。

### ADHDの子なら

**道路への飛び出しや友だちとのふざけ合いに注意**

車の通りの多い危険な場所については、何度も行って「ここは危ない」と説明しましょう。友だちと遊んでさっさと帰らないこともありますが、目標時間を決めて、その時間に帰ったらポイントをあげるなど、ごほうび制を上手に利用しましょう。

# 授業中に立ち歩く

小1の息子は、授業の途中で
教室から出ていってしまうことがあるそうです。
どうすれば座っていられますか？（6才）

# 頭ごなしに叱るのではなく立ち歩いてしまう理由を考える

### なぜ立ったの？と理由を聞いてみて

必ず理由があるはず。子どもが言えない場合には、推察してあげましょう。

### 先生に教室の環境などを相談

窓ぎわや廊下側の、気が散りやすい席から離すなど、特性に合わせて対策を。

### ごほうびシステムを工夫する

「席を立ちませんでした」と先生が連絡帳に書いてくれたらポイントがもらえるようにします。

## 理由がわかったら具体的な対処法を伝えて

この子は、なぜ教室から出ていくのでしょうか？　そう聞くと「発達障害があるからでしょ？」と答える人がいますが、それは違います。トイレに行きたかったのかもしれません。じっとしているのがイヤだったのかも。音楽室から歌声が聞こえたので見に行きたくなったのかもしれません。教室から出ていったことには必ず理由があるのです。

なぜ理由にこだわるのかというと、それがその子の理解につながるからです。子どもに聞いてみて、それでも理由がよくわからない時には、「トイレかな？」「気になる音がした？」と、子どもといっしょに考えてみましょう。

理由がわかったら、「授業中は座っていなさい！」と一方的に叱るのではなく、「トイレに行く時には、手を上げて先生に言ってから出ていくんだよ」「音楽が聞こえたら、自分の席で聞いていようよ」などと、どうすればよかったのかを伝えます。学校との連絡帳を利用して、「今日は立ち歩かなかった」という日にはポイントをあげてもいいですね（P108参照）。

「立ち歩くなんて」と親はつらい気持ちになるかもしれませんが、一人で背負う必要はありません。担任の先生、学校カウンセラー、特別支援教育コーディネーター、養護の先生などに相談しながら、わが子を支えましょう。じっとしているのが苦手な子には、「プリント配布係」など、動ける役割を持たせてもらうのもよい方法です。

# 忘れものが多い

学校で配られたプリントを出さなかったり、体操服や給食着を忘れたり。ランドセルの中はグチャグチャです。（6才）

# 本人まかせにしないで。帰宅してからいっしょに確認

## 帰ったらやることが一目でわかる図を

これは発達障害の有無にかかわらず、小1の子によくある話です。

ただし、ADHDの不注意優位型（のび太くんタイプ）は、プリントが配られたことを瞬間的に忘れ、ランドセルにしまったことすら覚えていません。ほうっておいたら、重要なプリントも提出の締め切りを過ぎてしまいます。着ていった上着が週末に6枚戻ってくるとか、靴をはいたらランドセルを忘れたとか、驚くようなことも日常茶飯事です。

こういう子に家庭できることは、親が全部準備してあげることでも、ほったらかしにすることでもなく、「いっしょに確認する」ことです。まず、帰ってきたらすべきことを、一目でわかるようなスケジュール表にします。それを毎日の日課にしつつ、親は連絡帳やランドセルの中をいっしょに確認し、今日やること（宿題の内容や提出するプリントなど）をリストアップします。宿題が終わったら、明日持って行くものの準備も手伝いましょう。玄関のドアには「鍵盤ハーモニカ」「うわばき」など、出がけに持って行くもののメモを貼っておきます。

問題は、学校から持ち帰るものです。親がそばで見てあげられるわけではないので、本人が自覚的に持ち帰れるようなチェックリストを作り、学校の先生にも確認をお願いしましょう。

集金など重要なものは、学校の先生から直接連絡をもらえるように事前に伝えておくといいでしょう。

### 帰ったらやること

上着をかける

プリントをママに出す

連絡帳を出す。宿題はある？

宿題をやる

明日の時間割をそろえる

| | 月 | 火 | 水 | 木 | 金 |
|---|---|---|---|---|---|
| 1 | こくご | さんすう | しゃかい | りか | おんがく |
| 2 | さんすう | たいいく | りか | さんすう | りか |
| 3 | りか | こくご | たいいく | しゃかい | こくご |

筆箱の中をそろえる

# 学校で“問題児”です

担任の先生の手に負えないようで、毎日のように「チャイムが鳴っても着席しない」「掃除を途中で投げ出す」「今日は○○くんとケンカしました」などの連絡が来ます。家ではどうすればいいでしょう。（7才）

# 家では叱らずどうすれば改善するのかを学校に提案

## 先生も親からの情報を待っています

連絡帳や電話で、学校での問題行動についての連絡が来る、しかも頻繁に。カーッとなって子どもを叱ってしまう気持ちはわかりますが、ちょっと待って。

まず、「○○くんとケンカしたの?」と話しかけ、子どもの言い分も聞いてみましょう。一方的にわが子が悪いとはいえないこともあります。

学校の先生には、これまで家庭内で似たようなことがあった時に、どのような対処をしていたのかを具体的に説明しましょう。「カッとなりやすいのですが、その瞬間に深呼吸するように伝えています」など、具体的な方法を知ると先生も対応しやすくなるでしょう。

「あなたのおかげで、ママが先生に叱られちゃったわ」というようなことは、子どもには言わないでください。先生から親に直接注意がいったということも、伝えないほうがいいと思います。子どもが先生をきらいになってしまったり、学校に行くことをイヤがったり、劣等感を持ったりすることがあります。

担任の先生がわが子を必要以上に叱っていると感じる場合には、特別支援教育コーディネーターの先生など、別の先生に相談するのもひとつの方法です。

### 上手な連携とは?

**学校から**　授業時間になっても着席しません

↓

**家庭から**　家では「○時になったら」と、時計を指で示して指示しています

↓

**学校から**　教室の時計で指示したら、着席できました

↓

**親が子どもをほめる**　学校でちゃんと着席できたんだってね。先生ほめてたよ

↓

**自信がつく**

# 勉強についていけない

算数がとても苦手で、宿題をやっても
チンプンカンプンのようです。
九九もちゃんと覚えられていません。（8才）

# どこでわからなくなったのかを知る。家庭学習や補習で克服しましょう

## 学習障害の可能性も排除せずに対策を

まだ2年生です。この段階で気づけてよかったですね。

発達障害の特性のために授業に集中できず、宿題も忘れてしまい、いつの間にかついていけなくなっているのかもしれません。あるいは、発達障害のひとつである学習障害（LD）を併せ持っている可能性もあります。

いずれにせよ、どこでつまずいているのかを知ることから始めましょう。まずは学校の先生に確認します。

もしもお母さんやお父さんが、カッとならずに勉強を教えられるタイプなら、家庭で補習を。まず、いちばん基礎的な問題集を購入し、1日1ページ程度解かせてみます。早く解けたらそれでおしまい。ダラダラやるようなら、きっとその部分でつまずいているので、ていねいに教えてあげてください。必要なら小1の範囲まで戻ります。

「こんなこともわからないの？」とどなってしまうようなら、親は家庭教師に不向きです。先生に補習をお願いできないか聞いてみましょう。学習障害（LD）の可能性がある場合、通級指導教室を提案されるかもしれません。専門の指導を受けるメリットは十分にあると思います。

いずれにしても、子どもがストレスなく勉強し、自信が持てる方法を選んでください。小2の段階で「勉強はきらい」「自分はバカだ」などと思い込んでしまったら、これからの学校生活がつまらないものになります。どうぞこまやかな配慮を。

### どこでつまずいているのか先生と相談

どこでつまずいたのかは非常に大事。先生の意見も聞いてみましょう。

### つまずいているところまで戻り、簡単な問題から

つまずいたところに立ち戻って簡単な問題から解き直し、「できた！」を積み重ねます。

### 通級指導教室で大きく改善することも

通級指導教室では、学習障害の可能性も考えて指導してもらえます。

# 9〜11才のころ
# 「人の顔色を見る」「空気を読む」のが苦手で友だちグループから浮いたりしがちです

## 精神面での発達を尊重しながら見守る時期

高学年になると学校の課題が増え、学校内での責任も重くなるので、いいかげんにやると先生からだけでなく、クラスメートからも厳しい視線が向けられます。周囲の子どもは思春期を前に、「先を読む」「空気を読む」といった力をつけてきていますから、それをしない子に対する評価が厳しくなるのです。友だちから「こういう子だけれど、いいところもある」という目で見てもらえるようになるのは、もう少し先のことです。

でも、発達障害の特性を持つ子だって、ゆっくり確実に成長しています。自分が非難されていることはわかるので、傷つきます。親は頭ごなしに注意するのではなく、普通の子たちとわが子の「通訳」になってあげてください。

また、大人のやり方を押しつけるのは避け、「手助けするよ」という姿勢でかかわりましょう。たとえば忘れものの多い子が、全教科の教科書・ノートをランドセルに入れっぱなしにすることがあります。あまりの重さに親はびっくりしますが、これも自分で編み出した作戦。「よく考えたね」と笑って認めましょう。

子どもの手を離すのはまだ先ですが、少しずつ離すトレーニングを。ここでうまく親の立ち位置を変えることができれば、この先の思春期のかかわりもきっとスムーズです。

### この時期の子育て Point

- 成長してきたとはいえ、まだ手を離さないこと。学習面やソーシャルスキルの支援は、これからが本番です!
- コミュニケーション能力が低いために、友だち関係のトラブルが起きがち。親の仕事は、わが子の「通訳」と心得て。
- 子どもの悩みに対しては、常に聞く姿勢を持ちましょう。
- ほかの子と自分との違いに悩んだら、親の口から説明してあげましょう。

# 表現がストレートすぎる

仲よしの女の子に
「太っているからその服は似合わない」
などと、ストレートすぎる言い方をします。
きらわれてしまうのではないでしょうか。（9才）

# イヤな気持ちになる言葉をリストアップ。会話の作法をていねいに教える

## 相手を傷つける言葉、悲しませる言葉がある

この年齢の、特に女の子は、空気を読む発言がうまくなってきます。だからこそ、それをしない子、できない子は浮いてしまいます。お子さんの「太っている」発言は、まさにそれ。お母さんも「なんでそんなこと言うの⁉」とびっくりしてしまいますね。でもこの子は、正直な気持ちを素直に言っただけです。もし同じことを自分が言われたら、この子だって傷つくのですが、「それはそれ、これはこれ」なのです。

この「他者」と「自分」との間にある溝のようなものを、埋めてあげるのが親の役目。これは、母親のほうが得意かもしれません。女性の多くは、相手の気持ちを読んで調整する能力にたけていますから。その力を、わが子にも分け与える気持ちで伝えてあげてください。

まず、言われるとイヤな気持ちになる言葉の例を出していきましょう。「ブス、デブ、ハゲ、とろい、クソ、バカ」。お互いに思いつく言葉をあげながら、「こういう言葉は言わないほうがいいね」と話します。また、容姿にかかわることや、着ている洋服については、「ほめる言葉以外は言わないほうがいいんだよ」ということも教えましょう。

さらに、自分が言った言葉の直後に、相手の表情を見ることの重要性も伝えます。発達障害の子は表情の読みとりが苦手なのですが、教えないといつまでも学ぶことはできません。今ここで、親が教えることが、とても重要なのです。

### コミュニケーションの作法を伝える

**親が相手の子の気持ちを代弁する**

「なんでそんなこと言うの?」と責めるのではなく、言われた時の相手の気持ちを代弁しましょう。「悲しかったと思うよ。あなたもそう言われたらイヤだよね」と。

**言っていいこと、悪いことを伝える**

言ってはいけない言葉を具体的に教えます。「言われてイヤな言葉」をたくさん書き出してみると、「これは言ってはダメなんだ」と理解しやすくなります。

**相手の表情を見て、あやまる**

もしも自分の言った言葉で、相手がイヤな顔、悲しい顔をした時には、「ごめんなさい」とあやまることも教えましょう。表情の読みとり方も、イラストなどで教えます。

## 本人に「発達障害」をどう伝える？

小6になって、友だちと遊ぶことが減りました。話が合わず、まじめに話しているのに笑われると落ち込んでいます。自閉スペクトラム症だと伝えたほうがいいのでしょうか。（11才）

# 能力の高い点を強調しながら特性について説明しよう

### 子どもの話を聞くコツ

- イライラしている時、大きな声を出した時などに、叱らずに「どうしたの?」と声をかける。
- 静かな部屋で落ち着いて聞く。
- 悩みとその解決方法は、ノートに書いておく。
- 「話してくれてうれしいよ」という姿勢で。

### 周囲との違和感を自覚したら特性を伝える時期かも

思春期にさしかかると、子ども自身も自分が周囲から浮いていることに気づき始めます。その理由がわからず、悩むことが増えてくるかもしれません。

発達障害の特性を本人に伝えるベストなタイミングには、個人差があるでしょう。ただ、「なんとなくうまくいかない感じ」を自覚し始める思春期は、客観的な視点からのアドバイスを受け入れる土壌ができていることが多いかもしれません。「自閉スペクトラム症」という言葉を使うかどうかは迷うところですが、「あなたにはこういう特性がある」と伝えてよいでしょう。ただし、得意なこと、能力の高い面もしっかり伝えてください。

「あなたは絵を描くのが上手だよね。本当にこまかい部分までよく見ている。そこまではなかなかできないよ。記憶力もいい。正直でウソが言えないところもママは大好き。でも、みんなと同じことをするのが苦手だよね？」と。子どもも、自分が感じている違和感について話してくれるかもしれません。親子でその子らしさを語り合い、「あなたはほかの人よりも、能力にデコボコがあるんだよ。でも、いい部分はだれにも負けない。そこを一生懸命伸ばしていこう」と伝えるのがいいのではないでしょうか。

傷つくことがあるかもしれません。でも、親の愛情と信頼が伝わるように話せば、きっと前に進む原動力になると思います。

進路・進学
その先を見る❷

# 中学で、もう一度学校選択。わが子に合うかどうか、必ず見学を

## 通常学級でいい？もう一度考えよう

中学校までは義務教育ですから、通常学級、特別支援学校、特別支援学級の選択肢があります。通常学級に通っても、小学校の時と同様に通級指導教室に通うこともできます。

中学生になると、学習内容がより複雑になってきますから、ついていけない子にとっては、苦痛な時間を強いられることにもなります。小学校では通常学級だった子でも、もう一度進路を見直してみてもいいかもしれません。子ども自身が学校を見て「自分に合うかどうか」を考えることも大事です。

## 中学を受験する場合の注意点

私立中学や中高一貫校を希望する子もいるかもしれません。非常に成績がよいので能力を伸ばしたい、少人数の中学校でのんびり過ごさせたいなど、理由はさまざまでしょう。ただ受験する場合、選択権は学校にあります。発達障害があっても、成績や授業態度の悪さで留年や退学ということもあります。通学可能ないくつかの学校に足を運び、「ここならうちの子が一生懸命がんばれそう」と思える学校を選ぶのがいいと思います。場合によっては、わが子の特性を話して相談する必要があるかもしれません。

### 特別支援学校・学級

小学校と同様、心身に障害を持つ子どもたち専門の学校、もしくは学級。中学校では、基本となる9教科を教えるが、自立的な生活ができるような生活支援の学習も行っている。それぞれの障害との向き合い方や、持っている能力を伸ばすような支援を行うことが目的。

### 私立中学

地域によって学校の数にバラつきがあるが、首都圏には数多くの私立中学があり、独自の教育方針を持ち、発達障害の子を積極的に受け入れる学校もある。実際に足を運んで、わが子に合うかどうかを検討したい。受験勉強では、あまり無理をさせないよう注意が必要。

### 通常学級

中学生になると、教科ごとに担任の先生がかわったり、先輩後輩関係ができたりするなど、新しい環境になじむのが難しい場合もある。学習内容も難しくなるので、サポートの手をゆるめないようにしたい。必要に応じて、通級指導教室に通うという選択もある。

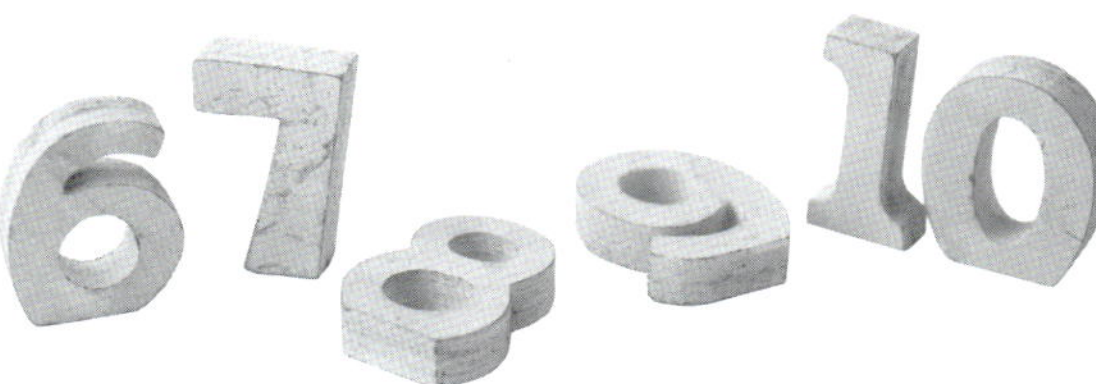

# 思春期

## ただでさえ困難が多い年齢です。揺れる心を支え、長所を伸ばしましょう

### 心の内面にさまざまな変化があらわれる時期

　思春期とは、第二次性徴（声変わりや初潮）が起こる10～12才から高校生ぐらいの時期を指します。子どもの体は劇的に変化し、それとともに内面も大きく変わっていきます。

　この時期、「人と自分との違い」や「自分とは何か」について深く考え始める子が多いものです。それは、発達障害の特性を持つ子も例外ではありません。そのため、自分がほかの子と違うことに気がつき、劣等感にさいなまれることもあります。親はわが子の不安定な気持ちに寄り添いながらも、「あなたにはこんなにいいところがある」と伝えられる人であってほしいと思います。

　また、イライラや不安定さが暴力という形であらわれ、仲間の結束を重んじるあまり、異質なものを排除しようとする行動に出ることもあります。この時期、だれもが、いじめの加害者にも被害者にもなりえます。親には話さないことも増えてきますから、学校の保護者会や部活の応援などにはできるだけ参加し、学校や親同士のつながりを大切にしたいものです。

　学習内容も難しくなります。発達障害の子は得手・不得手の差が大きくなりがちですが、苦手の底上げよりも、得意を伸ばすほうが自信がつきます。好きな勉強が生かせる進路を考え始めることも大事なことです。

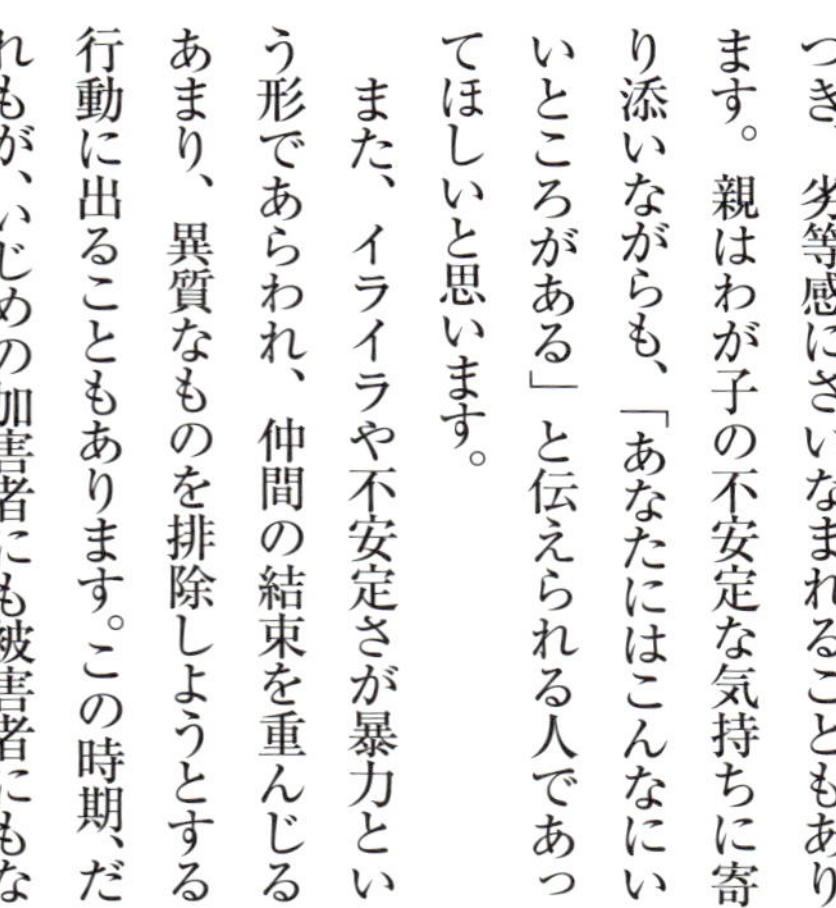

### この時期の子育て Point

- 中学生、高校生になっても、完全に手を離さないで。
- 学校や部活の役員などを引き受けることで、情報が得やすくなることも。
- トラブルを敏感に察知して、すぐに対処を。
- わが子の長所をもう一度見つめ直しましょう。そしてそれを本人に伝えましょう。
- 子どもの未来を具体的に思い描き、適した学校を探すことも大事な仕事。

# 不登校

「学校に行きたくない」と言い始めました。本人に聞いても、担任の先生に聞いても、いじめなどは特にないそうです。（13才）

# 回復には時間がかかります。一息つける道も考えておこう

## 集団に適応できず不登校になることが

わが子に突然「学校に行きたくない」と言われたら、親は大きな不安に襲われます。「特に理由がない」などと言われると、「いいかげんにしなさい」と背中を押したくなるのも当然です。

しかし、ちょっと待ってください。不登校の背景に、発達障害の特性からくる大変さがある可能性があります。

中学高校と進むにつれて、人間関係も学習内容もどんどん複雑になり、理解できないことが増えてきます。高度な社会性や認知能力が求められる中で、居場所を失った状態になっているのかもしれません。

子どもは、不登校である自分を責めたり落ち込んだりしています。親は子どもの言葉を否定せず、時間をかけて耳を傾けましょう。そのうえで、学校に相談して対策を練ります。それでも「行きたくない」というのであれば、通級指導教室のみに通う、フリースクールに通う、といったことも視野に入れておきましょう。

子ども自身が、学校に行っていないことに対して最も不安を抱えていることを忘れず、少しの足踏みは人生の一コマととらえてみてください。

なお、不登校のような社会的な不適応は、回復に時間がかかります。長い目で見て対応していくことが大切です。

## 長期間休ませる時は……

### 生活リズムをくずさない

朝起きられなくなると、不登校が長期化しがちです。生活リズムはできるだけくずさないように朝はしっかり起こし、家の仕事を担当させて。ほめるきっかけにもなります。

### 学校との連携を

宿題やレポートなどを定期的に提出したり、クラスだよりをもらったりすることは大事です。不登校の原因がわかったら、再び通い始められる環境づくりのために協力し合って。

### 通級指導教室やフリースクールも視野に

学びの場とのつながりは保ち続けたいので、自由な時間に通えるフリースクールや、週1回だけでも通級指導教室に通い続けることができないか、などを検討しましょう。

# 高校・大学選びは「実力より少しラク」がおすすめ

## 高校時代は支援態勢が弱くなる

高校になると、「特別支援学級」「通級指導教室」はなくなります。選択肢としては以下のようなものがあるでしょう。

**●特別支援学校高等部、高等特別支援学校**

専門的な知識を持つ教員の指導が受けられ、支援態勢も十分。特筆すべきは職業訓練の充実ぶりで、卒業後を見越した指導をしてもらえます。

**●全日制高校**

学力が高く、大学進学を目指すなら普通科に進むことがおすすめですが、支援態勢が手薄なことも。親は留年や退学の可能性も考えて支援していくことが必要です。子どもの興味や得意なことに応じて、工業高校、農業高校、芸術高校なども検討してみましょう。

**●定時制高校**

午前、午後、夜間と、通学する時間帯を選び、自分のペースで学べます。卒業にはコースによっては4年かかることも。

**●通信制高校**

基本は自宅で学習し、週に1〜2回スクーリング（登校日）があります。ほかの生徒との交流が少ないので、向き・不向きがあります。

高校進学は子ども自身が納得した学校を選ぶことが何より大切です。親は「絶対に普通科」などと思うかもしれませんが、高校の特別支援態勢はまだ始まったばかり。中退という結果になるケースもまれではありません。

### 親が情報収集を

学校選びでは、親は「秘書」「コンシェルジュ」の役割を果たしましょう。いちばん大事なことは情報収集。「わが子に合いそうな学校」「将来に向けて準備できそうな学校」を洗い出します。

### いいと思う学校を絞る

夫婦で話し合って、リストから３～5校程度に絞り込み、子どもに提案します。まず親が十分考えることが大事ですが、最終的な決定は子どもにゆだねることがポイントです。

### 親子で見学

実際に学校を見ないで決めるのは、絶対に避けてください。見学の際には個別相談ブースなども利用して、発達障害の子への支援態勢などを質問してみるといいでしょう。

### 納得して決定

「ここに通いたい」と子ども自身が思える学校に決定します。迷うこと、決断できないこともあると思うので、助言するのはかまいませんが、最後に決断するのはあくまでも本人です。

## 過度な期待の押しつけは自尊感情を低下させます

発達障害でも学力の高い子はたくさんいます。自閉スペクトラム症の子には記憶力や集中力の高さといった長所がありますし、ADHDの子のひらめきやエネルギッシュさも勉強にはプラスになるはずです。

親は「少しでも偏差値の高い高校、大学へ」と思うものですが、一度立ち止まって考えてみましょう。発達障害の子は能力にデコボコがあります。全教科オールマイティに得意ならいいのですが、苦手な教科の成績向上を期待されると「自分はダメだ」と、前向きな気持ちを失ってしまうかもしれません。

本来持っている能力より少しだけラクな道を選んだとしても、それを目指して努力することに変わりはありません。入学してからも、学内できちんと成績を維持できれば、自信と達成感が得られるはずです。

## 徐々に本人主体にしていく時期

大学生になると親は一安心と思いたくなりますが、ここが正念場です。発達障害を持つ子は「履修登録ができない」「授業が理解できない」「朝起きられず欠席が続く」などの問題を抱えることがあり、卒業できないケースもあります。各大学には発達障害者支援の窓口があるので、積極的に利用しましょう。

子どもにとって、大学で何を得るかは人生を左右するほどの大きな問題です。好きな分野の研究職に進むなど、得意を将来につなげるビジョンを持って入試に臨みましょう。

## 学習面で注意したいこと

### ADHDの子

**集中できない**

自宅では集中できないという子は、塾や図書館、学校の自習室を利用しましょう。勉強中のスマホは電源オフに。

**最後まで解かずに終わる**

計画表を作って壁に貼り、教科ごとに1ページ進んだらチェックするなどの工夫を。一度に解く問題数は少なめに。

**やる気がなかなか出ない**

模擬試験の結果で「現実」を見せましょう。また、目標が近くにあるほうががんばれるので、模擬試験はこまめに受けさせます。

### 自閉スペクトラム症の子

**集中しすぎる**

集中しすぎて、睡眠時間がろくにない状態で勉強し、体調をくずすことも。時間を決めて勉強するよう声かけを。

**完璧主義になる**

ちょっとした失敗にパニックになり、数点の差に一喜一憂しがち。失敗や間違いはみんなにあるのだと理解させよう。

**教科の不得意がはっきり**

苦手教科に長時間さいても、あまり成績は上がりません。得意教科を伸ばし、それで勝負するような受験カリキュラムを。

# 成人を迎えるころ

## 社会で自立するスキルはありますか？「長所」「短所」「得意なこと」を把握して

### ●金銭トラブルを防ぐ

自分で働いて収入を得るようになると、計画性なくいっぺんに使ったり、カードローンを利用して高額な買い物をしたりする人もいます。また、うまい話を疑いもせず信じてしまい、契約書にサインしてしまうことも。マルチ商法の被害者になるケースもあります。お金の使い方の基礎を伝え、簡単な家計簿をつけること、高額な買い物は必ず相談することなどを約束させましょう。

### ●日常生活に必要な技術を身につける

自立に必要なスキルが身についているか、チェックしてみるといいかもしれません。「朝決まった時間に起きられる」「化粧ができる」「適切な洋服を選ぶことができる」「トイレ掃除ができる」「ＡＴＭが使える」など、基礎的な項目を並べて確認し、できないものは教えていきましょう。チェックと支援は早いに越したことはありません。

### 年齢に合った生活技術を身につける

成人期になっても、発達障害の子は試行錯誤を続けています。そこには親の支援と助言が、やはり欠かせません。

ひとつには就職の支援です。その子に向く仕事をいっしょに考え、支えてあげる必要があります。

ほかにも、大人としてのソーシャルスキルを教えていく必要があります。

### ●場面に応じた挨拶やマナー

たとえばあいさつ。「おはようございます」「こんにちは」「こんばんは」を、時間ごとに適切に使い分けていますか？　また、目上の人より先に帰る時には「お先に失礼します」、目上の人が帰る時には「お疲れさまでした」と言えますか？「お世話になっております」を使う場面は？など、就職活動に入る前におさらいをしておきましょう。初心者向けのマナーの本なども役立つでしょう。

### 一人暮らしを始める時

進学や就職を機に一人暮らしを始める時には、「過保護かな」と思っても、定期的に様子を見に行きましょう。ゴミが出せない、部屋に洋服があふれている、3食とも菓子パンですませているなど、親の想像を超える状態になっている可能性もあります。最初はうまくいっていたのに、時間がたつと荒れてくることも。困っている時には具体的なやり方を教えてあげましょう。

進路・進学 その先を見る❹

# 子どもの特性を見きわめ、力を発揮できる仕事を見つけよう

## 就職できれば大成功？大事なのはその先です

好きな仕事に就き、収入を得たいと思うのは自然な感情です。仕事にやりがいを持てるのは、とても幸せなことですね。

学力が高く、知名度の高い大学を卒業し、有名な企業に就職する発達障害の子もいます。しかし、入社後に人間関係のトラブルが起こり、働き続けなくなるというケースもあります。苦手なことで無理をしないですむよう、仕事選びには慎重な準備が欠かせません。できれば思春期ごろから考え始めたほうがいいでしょう。学校選びと同じように、仕事も「少しラク」な道を選ぶことが、負担なく続けられるコツかもしれません。

## より力を発揮できる可能性のある仕事は？

自閉スペクトラム症だから、あるいはADHDだから「こんな仕事が向いている」「こんな仕事は向いていない」と、一概に言うことはできません。障害の特性に加え、その子の生まれ持ってきた感性、才能、性格は千差万別だからです。

ただ、一般的な傾向として言えることはあります。自閉スペクトラム症の場合は、規則正しく緻密な作業が求められる職業（コンピュータープログラマー、製図者、エンジニア、検査技師、校正者、会計士など）のほうが、臨機応変な対応を求められる職業（起業家、営業職、プロデューサーなど）よりも、力を発揮できる可能性が高いでしょう。

ADHDの場合は、仕事の場面や対処法に変化がある職業（起業家、営業職、ゲームソフトの開発者など）のほうが、正確な作業や対応を求められる職業（電車の運転手、パイロット、秘書、事務職、経理職など）よりも、その特性に合っているのではないかと思います。

# 就労をサポートしてくれる機関があります

## 窓口で相談することも就職活動の一環です

就職を考える時期になったら、できるだけ早めに相談に乗ってくれるところを訪ねましょう。親だけでは、発達障害の子の就職をサポートしきれないのが現実です。何度も試験を落とされ、就職に意欲を失ってしまう人もいます。本人に原因がある場合もありますが、企業の側の理解が欠けていることも少なくありません。

まずは、就労支援機関に相談しましょう。といっても特別の場所ではなく、役所の福祉課やハローワークなどで相談を受けつけています。相談に行く時には、就職に関する希望事項や、得意なことをまとめて、窓口担当者に見てもらいましょう。親や友人といっしょに訪れても大丈夫です。

求職活動の一環として、デイケアに通う方法もあります。これは、病院の精神科などが実施している通院治療のひとつで、社会生活を送るためのトレーニングです。就職セミナー、レクリエーション、マナー教室など多彩で、社会への適応能力を高めてくれます。週に数回、6カ月ほどの期間がかかりますので、早めに主治医に相談を。

### 就労の門戸が広がる技能訓練

就労支援機関で行われている技能訓練（職業訓練）に参加することで、就職に有利になることもあります。パソコン操作、機械の操作、調理といった仕事に結びつく技能トレーニングが無料で受けられるので、技術を身につけたい場合はおすすめ。

### ハローワーク

正式名称は「公共職業安定所」で、さまざまな形での就労支援を行う。一般の人向けのイメージがあるが、発達障害を持つ人の就労相談にも乗ってくれる。

### 障害者職業センター

知的障害や精神障害、発達障害のある人の就労支援機関。職業能力の評価をしつつ、求人企業を紹介し、就労後の職場適応のための援助も行っている。

### 発達障害者支援センター

発達障害者の生活全般を支援する機関。就労専門ではないが、就労に関する相談にも乗ってもらえる。ハローワークの就労支援機関と共同で就労を支援。

### ジョブカフェ（若年者就職支援センター）

都道府県が自主的に行っている、若者の就労支援窓口。ハローワークが併設されているところもあり、自分に合った仕事を見つけるための支援を無料で受けられる。

### 地域若者サポートステーション

働くことに悩みを抱えている若者を対象に、キャリアコンサルタントによる専門的な相談や、コミュニケーション訓練などを行って就労を支援する。全国約160カ所に設置。

# 発達障害体験談とQ&A

発達障害の疑いがあったり、実際に診断されたりした子どもたちの体験談。
療育機関や支援教室の様子は、イラストルポでご紹介します。
巻末の「用語解説」「ほめ言葉リスト」「言い換えリスト」も
ぜひ参考にしてください。

取材協力
**RISE**　http://rise1484.jimdo.com
**LITALICO ジュニア**　https://junior.litalico.jp/

自閉スペクトラム症疑い

# 心配しすぎと言われるけれど自分のカンを信じて療育スタート

Aくん
1才11カ月

## 健診で発達の遅れがわかる。様子を見ているだけでいい？

「やっぱりそうか」。4カ月健診で発達の遅れを指摘された時、驚きはありませんでした。目が合わない、あやしても笑わない、ガラガラを鳴らしても見ない……育児書にある「この時期にできること」ができない様子を見ていて、もしかしたら発達が遅れているのではと感じていたからです。聴力に問題はなく、発達障害の可能性が高かったのですが、「まだ4カ月なのでもう少し様子を見ましょう」と言われました。

その後、寝返りなどの運動発達は順調でしたが、言葉の発達はとてもゆっくり。「あーうー」と声が出始めたのは生後8カ月、意味のある言葉は1才を過ぎても出ませんでした。また、タオルで顔をふかれるのを極端にきらい、歯磨きや爪切りで狂ったように泣きます。断乳しても夜泣きがおさまらず、ようやく寝ても1時間おきに泣く、という状態でした。

調べてみると、感覚過敏や睡眠障害は、自閉スペクトラム症の特性のひとつです。そこで、「発達障害と診断はされていないけれど、療育を始めよう」と決意しました。1才6カ月ごろのことでした。

周囲には「心配しすぎでは?」と言われたのですが、私は自分の「気になる」という感覚を信じることにしました。発達障害なら、対策は早いほうがいい。何もなかったとしても、療育が悪影響を及ぼすとは思えなかったからです。

まずは、自治体の療育を受けました。運動面での療育を月に1回1時間。ブランコやボールプールなど、遊びながら体を動かします。あわせて、臨床心理士さんとの療育を、同じく月に1回1時間。こちらは、おもちゃで遊びながらコミュニケーションの練習などをしていました。

## 療育を続けることで言葉がグッと増えた

こうした療育が月に2回では少ない気がして、本を参考に家庭でも療育をしてみました。でも仕事復帰で忙しくなり、思ったようにできません。休日には民間の療育施設にも通いましたが、息子にはあまり合わないようで、すぐにやめてしまいました。それでも少しずつ、「ママ、パパ、ねんね、ないない」など、不明瞭ながら言葉が出始めました。

ちょうどこのころ、個人指導でABA(応用行動分析)の療育をしてくださる先生と知り合いました。自宅で週1回2時間ほど療育してくれるのですが、「常に目を合わせてやりとりする」「いい行いはその場ですぐにほめる」など、こんなふうにやるのか!と驚くことばかりでした。療育の理論的なことは調べられても、実践方法は子ど

自閉スペクトラム症体験談

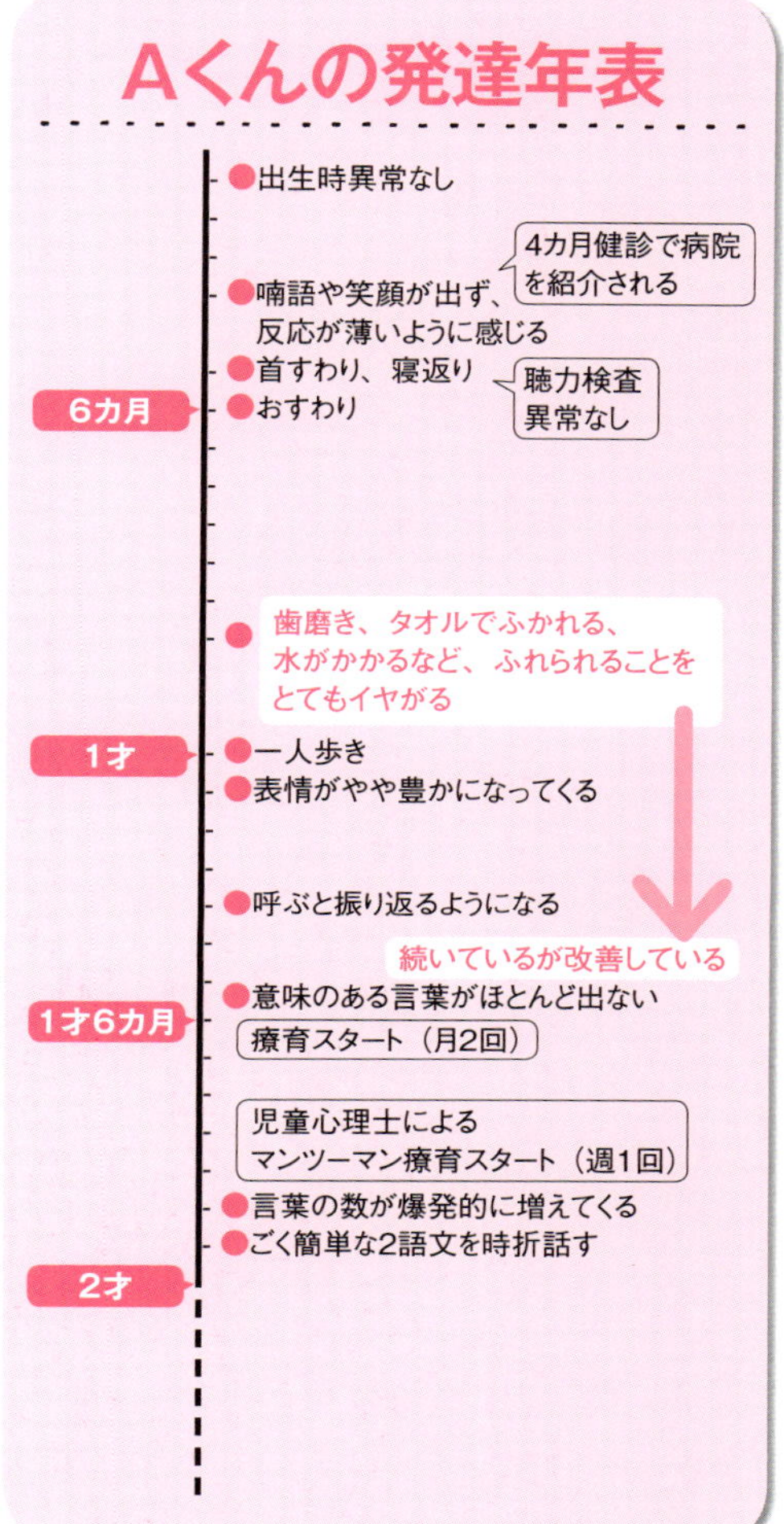

もによって違い、本で読んでもなかなかピンときません。ちょうどイヤイヤ期に入っていた息子のかんしゃくへの対応（下のコラムの「選ばせる」など）を具体的に学ぶことができて、とてもありがたかったです。自宅でやるので夫もその様子を見ており、夫婦で理解が深まったと感じています。

息子はもうすぐ2才になります。口にする言葉は、50語くらいに増えました。また、これまでは抱っこしないとかんしゃくを起こしていたのが、一人で歩くようにもなりました。これからどんなふうに成長していくのかは未知数ですが、できるだけいい環境をつくってあげたい。そのためには、親も勉強する必要があると感じています。

## 今、心がけていること・実践していること

### かんしゃく予防には「どっちがいい？」と選ばせる

靴下をはかない！などとかんしゃくを起こすので、2つ用意して「どっちがいい？」と選ばせます。こうするとかんしゃく予防に。

### テレビのつけっぱなしをやめて音楽や絵本を

テレビのつけっぱなしはよくないと聞き、見終わったら消す習慣をつけました。消している時間に音楽を聴いたり絵本を読んだり。

### 言葉でのやりとりを大事に。会話は目を合わせて

欲しいものに気づいても先回りせず、「ちょうだい」と言うのを待ちます。そして、目を合わせて「どうぞ」と言ってから渡します。

自閉スペクトラム症　軽度知的障害

# 2才ごろから療育を受け、幼稚園にも通い、少しずつだけれど確実に成長しています

Bくん
3才6カ月

## 大泣きの1才半健診で発達の遅れを疑われる

息子がはっきりと「軽度知的障害を伴う自閉スペクトラム症」と診断されたのは、比較的最近のこと。3才の時に検査を受けて、確定診断がつきました。ようやく診断がついたことで、親はむしろ腹がくくれた気がします。

0才代は、何となく反応が薄かったり、人見知りをしなかったりということがありました。でも、初めての子育てだったこともあり、「赤ちゃんはこんなもの」だと思っていました。

ほかの子と少し違う様子が気になり始めたのは、1才を過ぎて児童館などに行く機会が増えてからです。児童館には赤ちゃんのおもちゃがいろいろ置いてあります。ところが息子はおもちゃで遊ぶ様子がなく、手当たりしだいに投げてしまうのです。歩くのもやや遅く、1才5カ月でようやく最初の1歩が出ました。

1才半健診では大泣き。「ワンワンはどれ？」などに答えられず、「発達の先生にみてもらいましょう」とアドバイスされました。2才では「自閉症の疑いがあるが、まだ小さいのではっきり診断できません」と言われ、このころから児童デイサービスに通い始めました。

## 子どもと離れる少しの時間が気持ちに余裕をもたらす

児童デイサービスは、市が行っている療育事業です。粘土などの感覚遊び、体を動かすリズム遊びなどのプログラムが組まれています。療育はもちろん子どものためですが、私自身も、少し子どもと離れる時間が欲しかった。ここで、同じような障害を持つお子さんのママと知り合い、時におしゃべりを楽しむことで、励まされたことがたくさ

自閉スペクトラム症体験談

んあります。だれかに頼ったり、お互いに頼り合ったりできるかどうかで、気持ちはずいぶん違ってくるものです。

療育には週3回、3才からは幼稚園に行っているので降園後に週1回、通っています。それらの成果なのでしょうか、息子はずいぶん成長してきました。

1年前は「ママ」が言えず、自分の気持ちを伝えられずによくかんしゃくを起こしていたのですが、3つ、4つと話せる単語が増えてきました。言葉が出ないまでも、身ぶりで自分のしたいことを伝えられるようにもなってきました。

気に入らないことがあっても、以前のように大騒ぎにはなりません。これは、親の態度の変化も大きいと思います。言うことを聞かせなくちゃ!と、気持ちに余裕がなかったのですが、「こっちに行きたいんだね」と、一度息子の気持ちを受け入れるようにすると、不思議とききわけがよくなってきました。手をつないで歩けるようになったのも、うれしい変化です。

数字が大好きで、なんでも数えないと気がすまない息子。散歩をすると花を数え、車を数え、塀に積まれた石を数え、なかなか前に進みません。でも、こんなふうにゆっくり進むのが、息子には合っているのだと思います。

先日、発達外来に行った際に「小学校はおそらく通常学級になるでしょう」と言われました。通常学級に行くことが、本当に息子にとっていいことなのかどうか、数年かけてじっくり考えていきたいと思っています。

## Bくんの発達年表

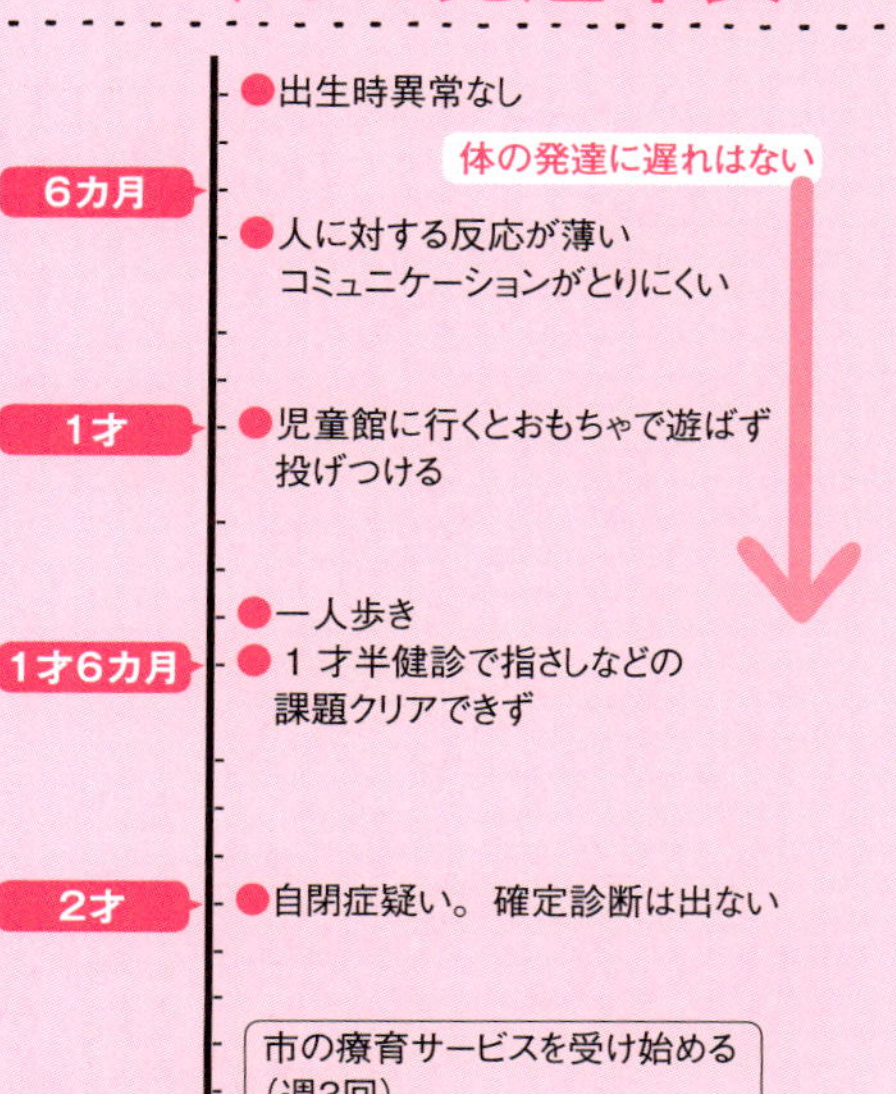

- 出生時異常なし
- 体の発達に遅れはない
- 6カ月
  - 人に対する反応が薄い コミュニケーションがとりにくい
- 1才
  - 児童館に行くとおもちゃで遊ばず投げつける
- 1才6カ月
  - 一人歩き
  - 1才半健診で指さしなどの課題クリアできず
- 2才
  - 自閉症疑い。確定診断は出ない
- 2才6カ月
  - 市の療育サービスを受け始める（週3回）
  - 身ぶり手ぶりでコミュニケーションできるようになってくる
- 3才
  - 自閉スペクトラム症の確定診断
  - 「ママ」が言えるようになる
  - 数字が大好きでなんでも数える
- 3才6カ月
  - 単語が3つぐらい言えるようになる
  - 自分の気持ちを表情や態度で伝えられるようになってくる

## 今、心がけていること・実践していること

### くよくよ考えないで今日を充実させる努力を

考えてもしかたのないことは考えない。その時になったらなんとかする、が夫のモットー。肩の力が抜けたその様子に、励まされています。

### 子どもの気持ちを、まず受け入れる。指示はその後

子どもが右に行きたがる時、「違う!」と左に引っぱるとこじれます。「右に行きたいんだね。でも今日は左だよ」でスムーズに。

### ママ同士で、積極的に交流する機会を持つ

「パパの転勤についていく?」「2人目どうする?」などの情報交換だけでなく、気持ちのリフレッシュにも。閉じこもらないで外に出る。

# 自閉スペクトラム症（高機能自閉症）

# 偏食、マイペース、こだわり……。通常学級に行かせるかどうか悩み中

Cちゃん
5才3カ月

期だから」と思っていましたが、「何かおかしいのかも」と気づいたのは、1才6カ月健診の時でした。待ち合い室から娘だけ勝手に出ていくのです。いえ、私にとっては「ほかの子はおとなしく待っていられる」ということが驚きでした。保健師さんに「もしかして、多動なんでしょうか？」と相談したのですが、「少し様子を見ましょう」と言われただけでした。

当時、近くの保育園の「子育て広場」に週3回通っていました。最初はどの子も一人遊び中心なのですが、2才を過ぎるとだんだん友だちの顔と名前を覚え、いっしょに遊ぶようになってきます。でも、娘は自分からかかわろうとしません。

言葉も出るのですが、言いたいことだけ言っておしまい。「やはり発達に問題があるのではないか」と思い、2才半で市の発達検査を受けました。この時の結論も「様子を見ましょう」。でも、不安はぬぐえま

## 様子を見ていていいの？不安がぬぐえない

赤ちゃんのころから人見知りもせず、よく笑い、よく眠る娘でした。ただ、離乳食が始まると、極端な偏食に悩まされるようになりました。最初は食べていたものでも、硬さや形が少し変わると食べなくなります。「野菜のあんかけがゆ」は食べるのに、「ごはん」と「野菜のあんかけ」を別々によそうと食べないのです。1才半になるころには、肉も野菜もパンもまったく食べなくなり、食べるのはふりかけごはん、そうめん、素うどんのみになってしまいました。なんとか栄養をつけたくて、胚芽米にしたりカルシウム補充米を使ったりと、今も工夫を続けています。

1才半ごろからかんしゃくが強くなり、私の言うことを聞かずに動き回ることが目立つようになってきました。最初は「反抗

自閉スペクトラム症体験談

せん。

幼稚園入園を前に、専門の療育センターを訪ねました。この時の検査では「知的には正常範囲に少し足りず、発達にデコボコがある」と診断されました。でも娘は知能検査の時、すでにできている「前」「後ろ」をわざと間違えたのです。娘のあまのじゃくなところに、気づいてはもらえないようでした。

## 本当に頼れる医師に相談したいと遠方の病院へ

試行錯誤の日々が続きましたが、3才8カ月のころ、著書を読んで感銘を受けたH先生の病院を受診することにしました。その初診の日、いきなり先生に叱られました。娘がいつものように、診察室から出ていってしまったからです。

「なぜそれを許すのですか。主導権が子どもにあっては療育になりません」

それまで、こちらが疲れている時などは特に、自由にやらせることが多かったのですが、娘とのかかわり方を根本から見直す契機になった言葉でした。

幼稚園入園後は週に1回、民間の療育施設で少人数の療育を受けています。併せて個別療育も週に1回、自宅で受けることにしました。それから2年近くたち、会話能力はグンと向上し、今ではひらがなも書けるようになりました。興味のあることなら、幼稚園でも指示に従ってみんなといっしょに動けるようになっています。それでも、幼稚園の進級やクラス替えの時期は混乱が強く、登園できなくなります。自由遊びではいまだに一人遊びで、職員室で過ごすこともしょっちゅうです。

現在の最大の悩みは、小学校選びです。H先生は「知的な遅れがないので、通常学級で大丈夫」とおっしゃるのですが、情緒が不安定であまのじゃくな娘に、集団生活が送れるのか心配なのです。現在はいくつかの学校を見学し、引っ越しも視野に入れて学校探しをしています。

### Cちゃんの発達年表

|  |  |
|---|---|
| | 出生時異常なし（体の発達に遅れはない） |
| 6カ月 | 離乳食に非常に苦労する（ひどい偏食）<br>起きている時は機嫌がよく一人で集中して遊ぶ。育てやすい赤ちゃん |
| 1才 | |
| 1才6カ月 | かんしゃく、多動の様子が見られる |
| 2才 | 言葉がやや遅れているように感じる。1才半健診は特に問題なし |
| 2才6カ月 | 市の発達検査を受ける（このころまで） |
| 3才 | 療育センターで再び検査 自閉スペクトラム症と診断<br>幼稚園入園 |
| 3才6カ月 | H先生の病院へ<br>民間の療育を受け始める（週1回） |
| 4才 | 自宅で個人指導療育を受け始める（週1回） |
| 4才6カ月 | 偏食が続いている |
| 5才 | |
| 5才6カ月 | 入学に向け、学校見学中 |

### 今、心がけていること・実践していること

**幼稚園の先生とはこまやかに相談**

年中から年長の進級時には、いつも世話をしてくれる女の子を同じクラスにしてもらえるように、お願いしました。

**スモールステップで偏食改善にトライ**

個別療育の先生の助言を受け、パンにさわることからスタート。次ににおいをかぎ、現在は「口に入れて出す」まで到達。

自閉スペクトラム症（高機能広汎性発達障害）

# 自分はダメだと思わないでほしい。12才の時に障害を告知しました

Dさん（男性）
26才

せいではないと伝えたくて、12才の時、本人に障害を告知しました。

## 少しずつ、落ち着いて物事に対処できるように

「自分はほかの人と違うと思う？　叱られてもまた同じことを繰り返すのはなぜか、考えたことはある？」

「苦手なことが多いです。難しいです」

「そうだね。でも、それはいわゆる〝苦手〟とは少し違うの。あなたはいつも、自分が悪いと泣いているけれど、本当はそうじゃない。そういう苦手なところを持って生まれてきたんだよ」

まだ小学生ですから、きちんと理解できたとは思いません。でもこれ以降少しずつ、自分を責めずに落ち着いて「どうしたらいいだろう」と考え、人からの忠告を受け止められるようになってきました。

息子は仕事のかたわら、自閉症児のための療育ボランティアもしています。バーベキューなどのイベントの際に、助っ人として参加します。

そんな様子を見ながら、将来が不安でしかたがなかったころを思い出します。この子の親であることはエネルギーが必要ですが、今、とても幸せです。こんなに深くて味わいのある人生を歩くことになるとは、思っていませんでした。

## 一生懸命やっているのに叱られる、笑われる

息子は今、企業のパンフレットなどを作る編集補助の仕事に就いています。小学校は公立の通常学級。中学と高校は、自閉症児と定型発達児が混合教育を受けられる私立の学校に通いました。高校卒業後に就職したのが、現在の会社です。

高機能広汎性発達障害は、理解されにくい障害です。「普通」のようでいて、どこかトンチンカン。勉強はできるのに注意力がない――そんな様子だったので、成長するにつれ、先生に叱られたり友だちにからかわれたりする回数が増えてきました。ある日偶然、通っていたスイミングスクールで陰口をたたかれていることを知りました。本人は人一倍がんばっているのに叱られ、笑われ、自分が悪いのだと思い詰めている。それはあなたの

学習障害グレーゾーン

# 学校は大好きでも宿題はやらない。夕方の30分、毎日が親子バトル！

Eくん
11才3カ月

## 学校に入る前にわかった学習障害の傾向

歩き始めたのは1才8カ月とゆっくりめで、同い年の子と比べるとできないことが多い子でした。特に心配になったのは、就学を控えた年長のころです。年齢のわりに心身ともに幼い気がして保育園の先生に相談したところ、「自己中心的な面があり、社会性が低いかもしれません。気になるようなら市の就学相談に行ってみては？」と提案されました。そこで発達検査を受けると、「言語能力は高いが、運動能力や短期記憶が低め」などのアンバランスが指摘され、「学習障害の傾向がある」と言われたのです。

それでも息子は小学校が大好きになり、ひと安心。でも、1つ大きな問題がありました。毎日の宿題を終わらせることができず、先生からもしょっちゅう電話がかかってくるのです。そこで、下の子の保育園のお迎えに行く前の30分を「親子の宿題タイム」と決めたところ、毎日親子バトルが起こるようになりました。息子はキレて暴れます。担任の先生にすすめられて通級指導教室にも申し込みましたが、審査結果は「通級の必要なし」。安心する気持ちの一方で、学習障害への不安は消えません。

そんな時、夫に「無理に勉強させて、親子関係が悪くなるのはもっといけない。通常学級に通えなくなってもいいよ。『宿題タイム』を『ママと2人の時間』にして楽しく過ごしたら？」と提案されました。確かに夫の言うとおりです。当時、息子は野球が大好きになり、本当に楽しそうでした。その姿を見るだけでも十分だと素直に思えたのです。

結局、市の教育相談を続けながら様子を見ることになりました。教育相談では、親子別々で週1回カウンセリングをしてもらうことができ、精神面でずいぶん助けられました。

小6になった現在、息子は野球を一生懸命やり、仕事で忙しい両親のためにお手伝いもしてくれます。これからも悩みや迷いは出てくると思いますが、息子と向き合い、試行錯誤するつもりです。

ADHD疑い

# 小学生になって問題が噴出。発達障害を疑い、対応を模索中です

Fくん（7才9カ月）

## 母親の愛情不足では？と言われてくやし涙

保育園時代は元気で明るく、先生がたにもユニークで楽しい子、と評価されていました。ところが小学校に入学したとたん、問題児になってしまいました。

忘れものが多く、プリント類を提出せず、学校との必要な連絡ができません。放課後は学童保育に行くことになっているのに、「公園で遊びたい」と勝手に別の場所に向かい、たびたび行方不明騒ぎを起こします。友だちともめて、「先生が自分の話を聞いてくれない」と学校を飛び出したこともありました。トラックの荷台にもぐり込み、走り出したのであわてて飛び降りたり、知らない人の家にいきなり遊びに行ったり。「こういうわんぱく坊主、昔はけっこういたよね」と思いながらも、少し程度がひどいのではと心配です。担任の先生に「お母さんの愛情が足りないのでは？」と言われた時には、くやしくて泣きました。最近では友だち関係で浮いてしまうことがあるようです。

なるべくほめて、やる気にさせようと思いますが、うまくいきません。専門の先生を訪ねようかと考えています。

### Fくんの困りごと

**学校の勉強が苦手。机に座っても5分も集中できません**

毎日、寝る前にお母さんと15分勉強することにしています。が、たった15分も座っていられずにふざけ出すFくん。お母さんはイライラする気持ちを抑えるのに苦労しています。

**学校のプリント、必要な連絡など大事なことを忘れてしまいます**

「学校を出る前に、先生が言ったことを連絡帳に書いたかどうか確認する」と約束しています。勝率は5割ぐらい。2回に1回は連絡帳を確認し忘れています。

**友だち関係が時々ギクシャク。いじめにつながらないか不安**

カッとすると暴言を吐いてしまい、友だちから敬遠されることが増えてきました。息子がゲームのカードを横どりしたなど、親御さんから苦情を言われることもあります。

ADHD疑い

# 片づけるのが苦手で叱られっぱなし。対応を変えたらグッと落ち着いた

Gさん（女性）
19才

ADHD体験談

## 彼女がいた場所には ものが点々と散らかって

小さい時から「片づけなさい！」と言い続けてきました。娘が家の中のどこで過ごしたかは、すぐにわかります。こちらには脱いだ靴下とジュースが残ったコップ、あちらにはノート数冊と鉛筆という具合に、点々とものが置きっぱなしになっているから。娘が10才のころ、「もしかしたらADHDではないか」と思うようになりました。

「やるべきことより、やりたいことを優先」「集中が続かない」「何度注意しても直らない」「ひんぱんに文房具をなくす」など、思い当たることは数々あります。

それまで私は、イライラしてどなることが多かったのですが、ADHDかもしれないと思って対応を変えるようにしたら、だんだん落ち着いてきました。

基本は、どなるのではなく、具体的な指示を出すということ。たとえば「学校のものは、この箱に入れる。ほかのものは絶対に入れない」という箱を作り、リビングに散らばったノートやプリントもとりあえずここに入れてしまいます。すると、プリントや課題のなくしものが劇的に減りました。苦手な教科は前の学年まで戻って「1日プリント1枚」を続け、遅れをとり戻しました。今19才ですが、自分で工夫もしながら、大きなトラブルなく大学生活を楽しんでいるようです。

### Gさんの困りごと

**片づけられない。出したものが次々と出しっぱなしに**

まず、ものをできるだけ減らすようにしました。こまかい収納はできそうもないので、「学校のもの」「バッグ類」など、ざっくりした用途で置き場所を決めるようにしています。

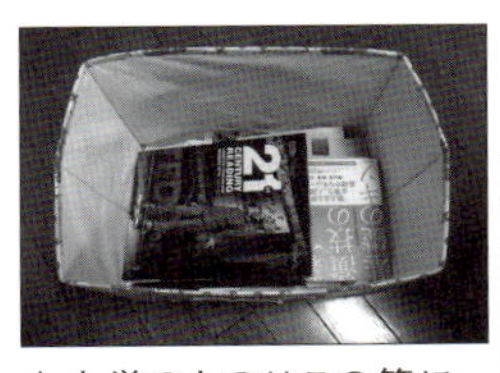

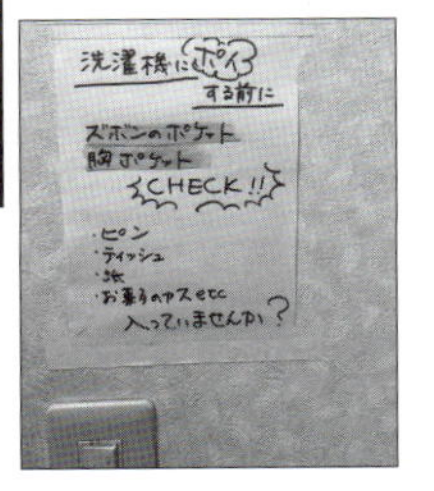


↑大学のものはこの箱に。「ここさえチェックすれば、探しものは見つかります」→不注意も多いGさん。洗濯機の近くの貼り紙。

ADHD

# 何度もつまずきながら成長し、大学生の今、自ら「克服宣言」！

Hさん（男性）
21才

## 息子の長所が思い浮かばない！

「お母さん、ぼくのいいところってどこ?」と、息子が真剣な顔で聞いてきたのは小1の時でした。情けないことに私は言葉に詰まり、「やさしいところ」と1つだけ言うのがやっとでした。短所はあふれるくらい言えたのに……。

学校では忘れものキングで、プリントも教科書もグチャグチャ。サッカーチームの体験入部ではコーチの指示を聞かずグラウンドでふざけ、妹の保育園の夏祭りでは幼児の盆踊りの輪の周りを走り回る始末。毎日怒ってばかりでした。

息子の何が問題なのかを知りたくて、小1の3学期に小児精神科を受診しました。結果は「ADHDの傾向があるけれど、様子を見ていいでしょう」という診断でした。なんとなく宙ぶらりんの気持ちでいたそんな時に、児童精神科医の佐々木正美先生の本の中にこんな言葉を見つけました。「手のかかる子にこそ、たっぷり手をかけるのです。幼いころに手をかけさせてくれる子が、いい子なのです」。この言葉に、はっとさせられました。私が息子を支えなくて、だれが支えるのか、と。それからは書きやすい連絡帳を手作りしたり、消しゴムや傘をなくさない工夫をしたり、勉強の手伝いをしたり。何よりほめるよう努力しました。

でも、中学生になると再び試練がやってきました。勝ち負けがはっきりしているのが好きな息子は、定期テストはがんばるのですが、宿題は未提出。授業中は寝ているか本を読んでいるか。先生に叱られ、友だちには「変な子」と見られます。本人も悩み始めたので、『のび太ジャイアン症候群』というADHDの本を息子に読ませてみました。すると「似たところがあると思う」と言います。親子で話し合い、発達障害クリニックを受診しました。そこでの検査の結果、ようやくADHDとはっきり診断されたのです。クリニックには月に1回通い、生活習慣を変えるさまざまな提案をしてもらいました。

## コンサータの服用を契機に劇的な変化が訪れる

しかし、高校生になっても授業中は寝てばかりで成績はクラス最下位。高2への進級が危ぶまれたことから、ADHDの薬(コンサータ)が処方されました。薬を飲むと授業中の居眠りがなくなり、ノートの文字は驚くほどきれいになりました。でも口数が減り、食欲が減退。薬は、進級できたのを機にやめました。それでも、集中できたという経験は、息子に新しい世界を見せてくれたようです。好きな教科の授業では集中できるようになり、部

## Hさんの記録

**幼児期** 健診などで発達の遅れを指摘されたことはなかったが、人見知りがなく、広い場所に行くとパーッと走り出してしまう傾向が。着替えなどにダラダラ時間がかかるものの、元気で明るい子だった。

**学童期** 忘れものが多く、学校の机の上や引き出しの中が常にグチャグチャ。小1の時に最初の発達検査を受けるが、学校の担任は「子どもらしい子」という認識だったため、医師も「様子を見ましょう」と診断。親は叱りすぎていたことを反省する。

**思春期** 学校全体が荒れていたこともあり、変わったふるまいを友だちにからかわれることが増える。悩み始めたので、特性を理解したほうがいいとADHDの本を読ませる。高校時代にはコンサータを約半年間服用。

**青年期** 大学生になって一人暮らしを開始。最初の1年間は寮で過ごしたが、その後はアパートで自炊生活。カラオケ店でのアルバイトを始め、親しい友人と旅行に行くなど大学生活を楽しんでいる。

活や文化祭では責任ある仕事をまかされました。劇的な変化でした。

現在は大学生になり、一人暮らしをしています。部屋は散らかっていますが、ゴミ出しとトイレ掃除は絶対さぼらず、節約しながら自炊生活をしています。

先日、息子が「ADHDには天才が多いっていうけど、オレも中学生くらいまで、頭の中に次々とキャラクターが生まれてきて、いろんな物語があふれていたんだよ。でも、高校で薬を飲んだあたりから、何も出てこなくなった」と言ったので驚きました。思わず「それは残念だったね」と言うと、「そのかわり、社会性が身についたからいい。オレ、ADHDは克服したから」と笑っていました。大きな山を、彼なりに乗り超えたようです。

## 暮らしの工夫・心がけてきたこと

### 持ちものや、やることをリスト化して貼る習慣を

遅刻しないように到着時刻までを逆算して「やること」を書き出したり、持ちものをメモして貼ったりする習慣は今も続いている。

### 勉強は本人まかせにせずできるだけ見守る

集中できないので、テスト勉強の時は隣に座って問題を出したり、見守ったりした。学習計画もいっしょに立てた。

### 得意なことをとことん伸ばして自信を持たせる

目立つことが好きで、声も大きかったので、運動会では応援団長、学芸会では主役を目指すように励まし、実際にやらせてもらえた。

## 療育の現場 イラストルポ

### 民間の幼児教室

# 法律に基づき、低料金で利用できるところも。ニーズは高まっています

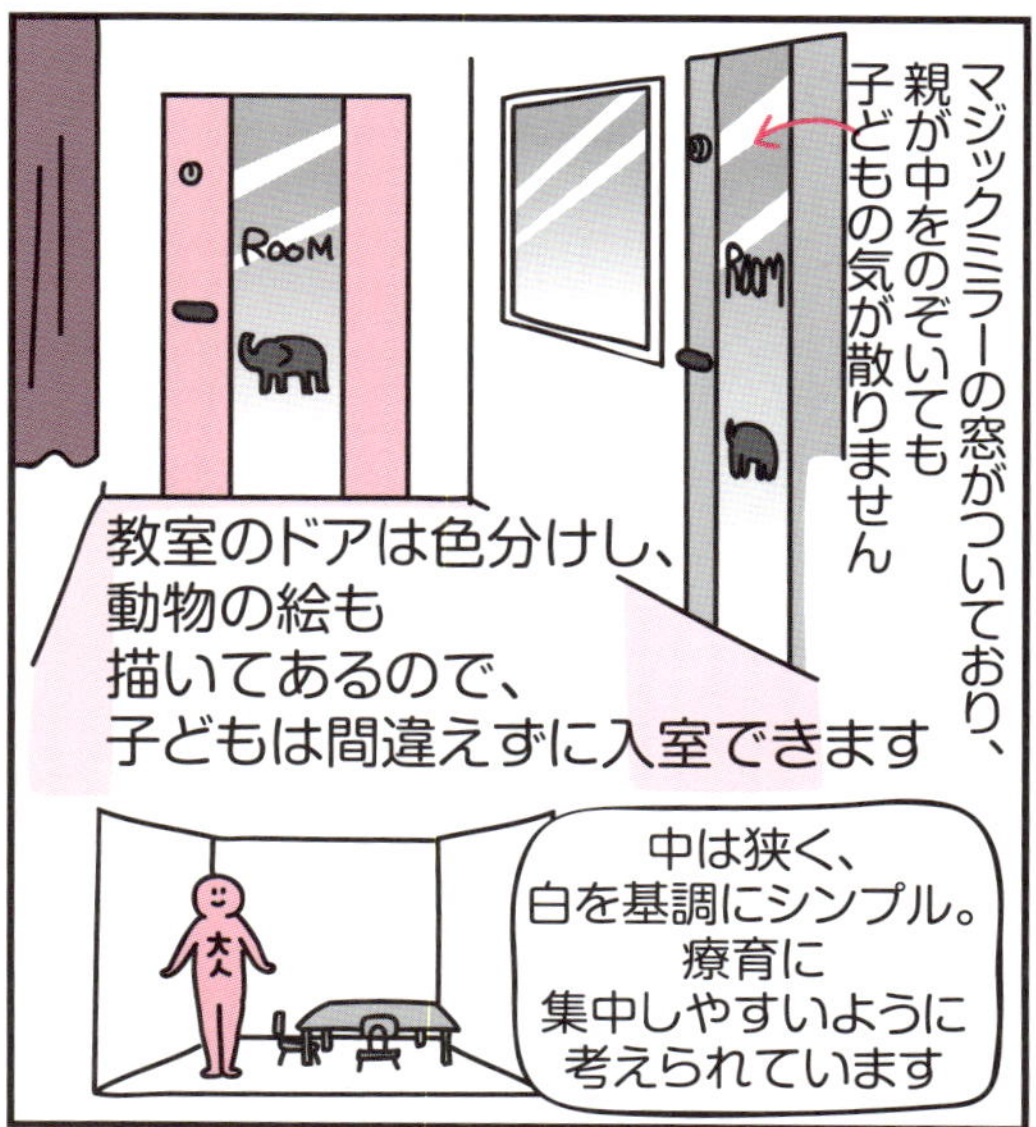


発達の遅れが気になる子どもを対象に、専門的なスタッフとプログラムで自立をサポートする民間の教室を見学。ここは0才～就学前までが幼児教室、小学生～高校生は学習塾の位置づけになっています。言葉の遅れがある4才の男の子の療育の様子をルポします。

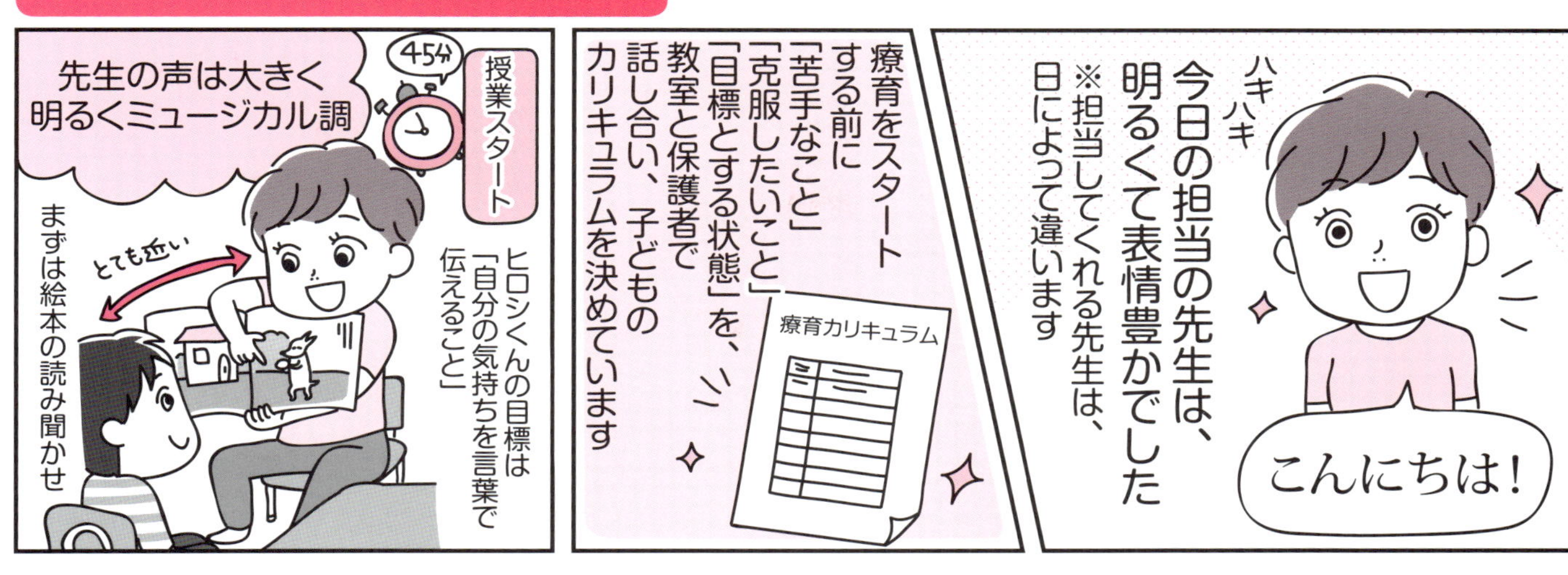
ハキハキ
今日の担当の先生は、明るくて表情豊かでした
※担当してくれる先生は、日によって違います
こんにちは！
療育をスタートする前に「苦手なこと」「克服したいこと」「目標とする状態」を、教室と保護者で話し合い、子どものカリキュラムを決めていきます
療育カリキュラム
授業スタート
45分
先生の声は大きく明るくミュージカル調
ヒロシくんの目標は「自分の気持ちを言葉で伝えること」
とても近い
まずは絵本の読み聞かせ

気持ちを伝えるのが苦手なヒロシくんのために先生はうまく誘導していきます
すかさず肯定
朝ごはんはなに食べた？
パン
復唱する
パン食べたんだいいねー
会話の際、先生は顔を近づけ、目をしっかり合わせます
これもトレーニングの一環です

その後は2人で絵を描きながら
彼の考えていることを聞き続けていきます
ヒロシくんなに描くの？
でんしゃー
電車かーいいねー
クレヨン
「とって」と言ってもらうため、あえて遠くに置いてある

15分後
休憩タイム
おもちゃで少し遊びます
選ばせて気持ちを言葉にするレッスン
※意思が尊重されることで言葉が出やすくなります
どっちで遊ぶ？
こっち!!
こっちか！いいねー！

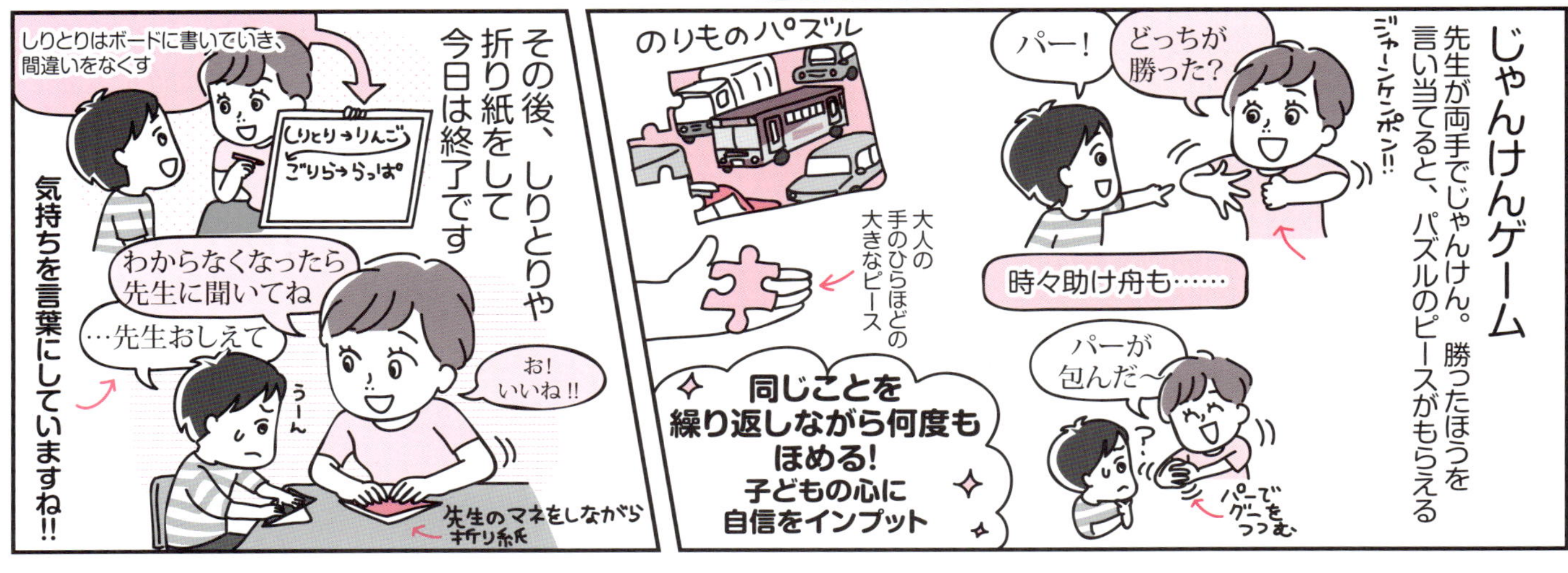
じゃんけんゲーム
先生が両手でじゃんけん。勝ったほうを言い当てると、パズルのピースがもらえる
ジャーンケーンポン!!
どっちが勝った？
パー！
時々助け舟も……
パーが包んだ～
？
パーでグーをつつむ
のりものパズル
大人の手のひらほどの大きなピース
同じことを繰り返しながら何度もほめる！
子どもの心に自信をインプット
その後、しりとりや折り紙をして今日は終了です
しりとりはボードに書いていき、間違いをなくす
しりとり→りんご
ごりら→らっぱ
わからなくなったら先生に聞いてね
…先生おしえて
うーん
お！いいね!!
先生のマネをしながら折り紙
気持ちを言葉にしていますね!!

療育の様子は
エントランス
エリアのモニターで
見学可能です
エントランスにいても療育中の楽しそうな声が聞こえてきました
ジーッ

こんなことできるようになってる
そういえば、この前教えてくれた……
ソファとモニターのみのスペース
授乳室にもなるカーテンつき
一人でゆっくり見学したい人のためのスペースもあります
親は見学しながら、親同士で成長の喜びを分かち合ったり情報交換したり
ホッとできるスペースでもあるのではないでしょうか

授業が終わると親を教室に招いてフィードバック
今日はこんなことをして……
みっちり20分
教室のドアには子どもの手が届かない高さにカギがかかっている
自由に遊ぶヒロシくん
最近こんなことがあって……
そういう時は……
これについて先生は
療育そのものも大切ですが、親御さんとの情報交換や家庭での対応のアドバイスをするフィードバックがとても大切です
さらに親は普段気になることを相談したり、先生にアドバイスをもらったり

また、この教室は「ポイントメダル」を集めると賞状や賞品がもらえるというとり組みをしています
ラミネート
ウラはみんなで描いた絵
☆おめでとう☆
「目を見てあいさつ」などの目標を達成するともらえるので、子どもたちのやる気アップにつながっています
賞状

教室の外には、上手にあいさつができるとスタンプを押してくれる協力店が何件かあります
はーい
こんにちはー スタンプください！
スタンプを集めると「ポイントメダル」に替えられる

教室の外にも楽しいことがいっぱいあると知ってもらいたいです！
社会のルールや人とのかかわりを学ぶ、療育の一環でもあります

# 療育の現場・民間の幼児教室

# 適切な指導ができるよう、目標は半年ごとに見直します

## かんしゃくではなく、言葉で伝える練習

小さな子どもが出入りするとは思えない外観の、ビルの1階。無機質な外ドアを抜けると、かわいらしい白木の扉が迎えてくれました。関東エリアを中心に48の教室を展開する、LITALICOジュニアの都内の一教室。ここで就学前のお子さんを対象にした、児童発達支援事業の様子を見学します。今日の生徒はヒロシくん（仮名・4才6カ月）。2才近くになってもなかなか言葉が出ず、自分の要求を伝える方法は泣くか、かんしゃくを起こすか。自閉傾向もあるとのことで療育をすすめられました。

でも、自閉傾向と指摘されたというヒロシくんは元気いっぱい。ニコニコして顔見知りの先生とお話ししています。

「ここには2才過ぎから通っています。言葉が出始めたのは3才過ぎですが、『この言い方、教室の○○先生にそっくりだ』と驚くことが何度もありました。話すようになる前から、頭の中にはいろいろなことがインプットされていたのだと思います」（お母さん）

今日は45分の個別指導。内容は読み聞かせ、じゃんけんクイズ、折り紙など、短時間でプログラムが変化します。

「じゃんけんの意味を理解したり、折り紙を折ることを通して、会話のキャッチボールをする、うまくいかない時に『先生、教えて』と言うなど、人とのかかわり方を学んでいます」（指導員の先生）

入会する時、必ず作成されるのが「児童発達支援計画」。今できること、できないこと、何を目標にするのかを記入し、半年に一度その内容を見直します。今のヒロシくんの目標は、「自分の要求を言葉で伝える」こと。これはほぼクリアできているのではないかという印象でした。

### 療育の現場から

**療育後のフィードバックが大切**

お子さんにより、とり組む課題はさまざまなので、オーダーメイドのプログラムで向き合っています。療育そのものはもちろんですが、大切なのはご両親へのフィードバック。教室でできたこと、学んだことを日常生活で実践できるよう、対応の仕方などをていねいに伝えるようにしています。(LITALICOジュニア指導員)

### 公の療育サービスと何が違う？

プログラムの内容は子どもによって変わります。その基本は公の療育でも同じです。療育スタートの時期や通える回数に関しては、民間の施設のほうがフレキシブルに対応してくれることが多いです。

### 療育は集団で行う？それとも個別？

施設によっていろいろなコースがあり、いちがいには言えません。一般的には、自閉的な傾向があるお子さんは最初から集団療育を受けるのは難しいので、個別療育からスタートすることが多いでしょう。

### 料金はどのくらいかかる？

今回ルポに協力してくれたLITALICOジュニアの場合、児童福祉法に基づく事業の「総合発達コース」なら1回1100円前後。コースにより金額は異なります。きちんと料金を提示しているところを選びたいですね。

支援の現場 イラストルポ

# 公立小学校の特別支援教室

## 通常学級に在籍しながら、コミュニケーションや苦手教科を週1回、別教室で学びます

都内公立小学校の、特別支援教室を見学。いつもは通常学級で過ごしている子たちが、週に1回、この教室に集まります。この日の生徒は2〜5年生の男子6人。1日に2〜3時間ここで学んだあと、いつものクラスに戻っていきます。この学校では全体で20人ほどが通っています。

## 支援の現場・公立小学校の特別支援教室

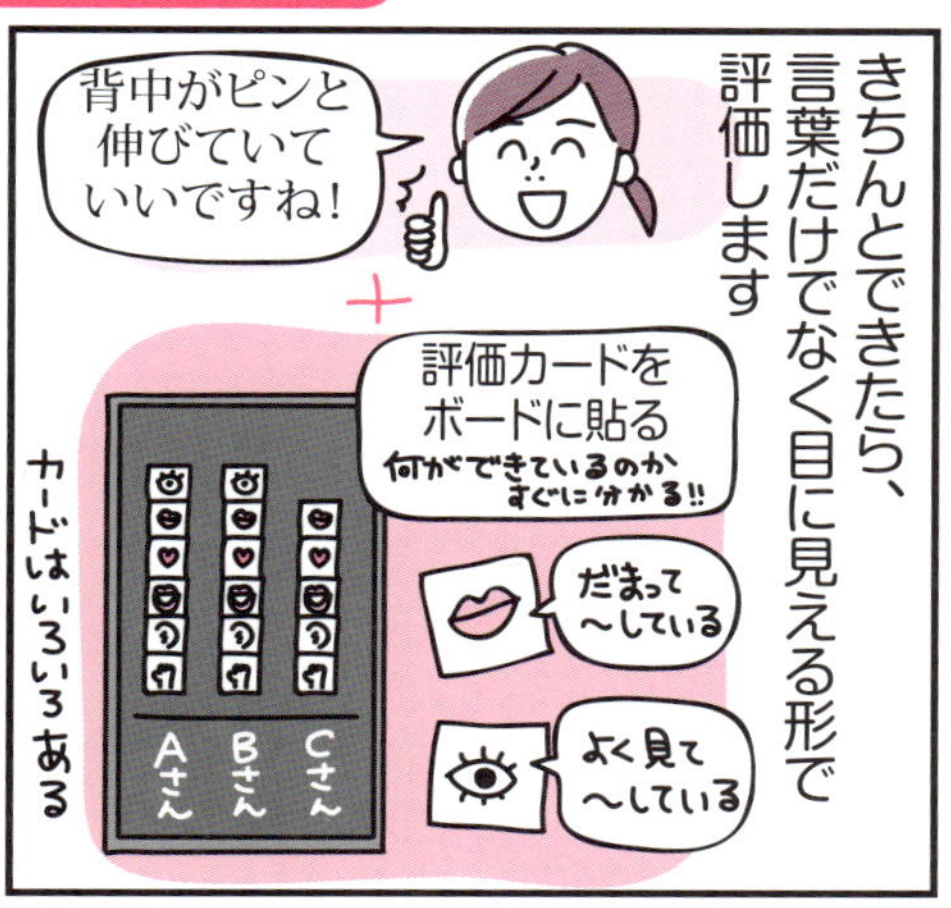

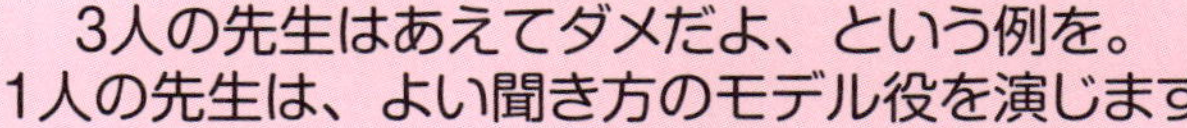

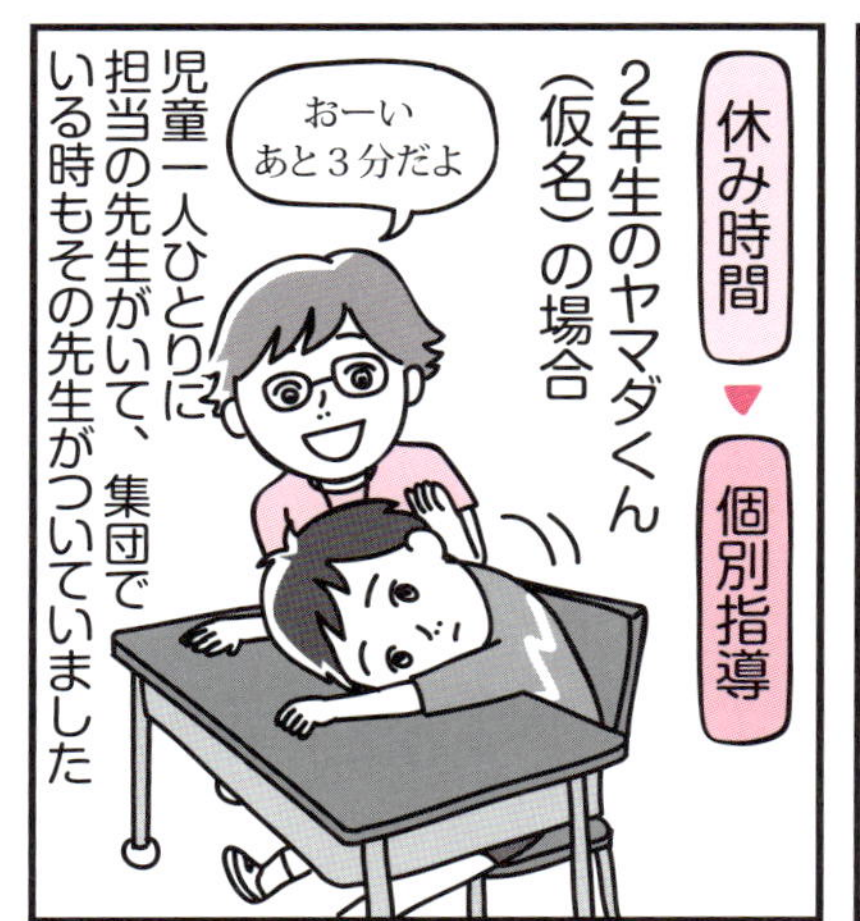

あいさつ
目を見て 1・2・3・4・5
始めます！
体のコントロール
片足立ち
バランサー

聞くドリル
この中で虫はどれでしょうか？
①カエル ②イカ ③カブトムシ
ヤマダくんが「もう一度聞かせてください」と言えたら、再生します
音読
1行ごとに先生と交互に読んでいく
そのとき

後半にさしかかりグダグダしてきてしまったヤマダくん
でも、先生は叱りません
あと2問で終わりだよ
その子の学習予定に沿い、プログラムは短く、パッパッと場面が切り替わるような感じ

最後はリクエストタイム5分。大好きな工作でシャキッ!!
好きなことには全力投球

おわりの会
今日の目標を振り返ります
その後、子どもたちは自分の教室に帰っていきます
5-3
ここで学ぶことで、自分の学級でもスムーズに過ごすことができるように
クラス担任の先生と密にやりとりをしています
連絡ノート

特別支援教室では
オレはこの前……
横からの口出しや落ち着きのない様子に対して
叱るのではなく望ましい行動を伝えます
今、先生は話しています。心の中で言ってね
ガタガタ

たくさんの成功体験を積めるようにしているのです
たとえそれが小さなことでも子どもたちの自信になります
イイネ!!
「悪いところを直す教室」ではなく「苦手なことをがんばり、いいところを伸ばす教室」です

# 叱られ続けてきた子どもの自尊感情を支える場でもあります

## クラス担任や家庭との連携を綿密に行う

東京都は、都内のすべての小中学校に特別支援教室を順次導入しています。今回訪れたのは、前年まで通級指導教室（エリア内の学校の1つに設けられた特別支援教室）があった小学校。個別教室や運動ルームなどの設備が充実しています。

子どもたちが集まり、はじめの会がスタートしました。「あー、今日は暑いなあ」と大声で話し続ける子、机と一体化するほどぐったりしている子などもいますが、「ちゃんとしなさい！」というどなり声は響きません。リーダーの先生は、望ましい行動を伝えます。さらに、サブの先生たちがアドバイスし、正しくできた、静かにしていられたなどの好ましい様子が見られたら、小さなことでもすかさずほめ、励まします。

「特性のために、学校でも家庭でも叱られ続けて傷ついている子もいます。くずれそうな自尊感情を支え、心に◎をつけるのも、教室の大切な役割です」（指導教員）

会の進行に伴い、閉じた口のイラスト（静かにできた）、耳のイラスト（しっかり聞けた）などの評価カードが、子どもたちの名前の上に次々と貼られていきます。「できたらすぐにほめる。〝即時評価〟が大切なのです」（指導教員）

プログラムの後半は、小さな教室に分かれての個別授業。一人ひとりの特性や課題に合わせ、教材が工夫されています。

「作文が苦手なら、『本人は話すだけ、書くのは先生』でもいいのです。うんと低いハードルを飛び越えて、できた！という経験を積み上げます」（指導教員）

その喜びは、家庭やクラス担任としっかり共有。担任からの報告や親の希望などは校内会議で検討され、よりよいプログラム作りに生かされています。

### 支援の現場から

**スモールステップで積み上げる**

特性に合わせ、スモールステップで苦手なことを乗り越えられるように支援します。支援教室を通じて、自信と意欲を育ててほしいですね。不適切な行動をしたらどうすべきかの手立てを伝え、うまくいったらきちんとほめます。ゴールが見えて見通しが持てると、「苦手」に向き合えるようになってきます。（指導教員）

## 支援の現場・公立小学校の特別支援教室

### すべての小学校に設置されている？

自治体によって差があるのが現実です。東京都は段階的に全小中学校への設置を進めていますが、多くの自治体ではまだ、地域の拠点校に「通級指導教室」を設置し、在籍校から週に1回程度通級するシステムです。

### 指導教員の資格は？

小学校あるいは中学校の教員免許を持っています。特別支援学校のように専門の資格は必要ありませんが、研修や各学校での経験で専門性を身につけた教員が配置されています。

### 抜けた時間の授業は？

特別支援教室にいる間に受けられなかった授業は、クラス担任が個別にフォローします。あるいは、特別支援教室でサポートすることもあります。ただし、学習塾のような個別指導をするわけではありません。

# 発達障害の不安＆気がかりQ&A

## 発達障害そのものへの疑問

### Q 子どもが発達障害なのは、妊娠中に何か問題があったからでしょうか？

**A 科学的な根拠のある原因はわかっていません**

発達障害の原因はまだはっきりわかってはいません。妊娠中の喫煙や過度の飲酒により、発達障害の子が生まれる確率が高まるというデータもありますが、その詳細は不明です。「〇〇の栄養が欠けると発達障害になる」などという情報が、サプリメントの広告に使われることもありますが、現在のところ科学的な証拠はありません。わからないことを悩み、自分を責めないでくださいね。

### Q 発達障害への対応は、早ければ早いほどいいと聞きました。なぜでしょうか？

**A 子どもの特性を理解することで二次障害を防ぎます**

発達障害の特性は、乳幼児期からあらわれます。発達の過程で苦手なこと（発達障害の特性）にうまく対応する方策が講じられれば、叱りすぎて子どもの自己肯定感が育たなくなってしまうなどの二次障害を防ぐことにもつながります。できるだけ早い対応がよいといわれるのは、こうした理由から。ただし、「自閉スペクトラム症が治る」療育法は、今のところありません。

### Q 自閉スペクトラム症は、人種によって多い少ないがありますか？

**A 世界共通でおおよそ人口の1％程度です**

自閉スペクトラム症は、人口の1％（100人に1人）程度で、人種や国による差はないとされてきました。しかし最近、日本や韓国で3％という数字が発表されています。理由はわかっていません。ちなみに男女比は4対1で、男性が多いのは世界共通。女性の特性が自閉的な傾向を表面上カバーしているのではないか、と考える研究者もいます。

## Q 自閉スペクトラム症の子どもに、テレビやビデオを見せる時の注意点があれば教えてください

### A 親子でいっしょに言葉をかけながら見せましょう

自閉スペクトラム症の子は、映像刺激に反応しやすく、ほうっておくとテレビやビデオを何時間でも休まずに見続けてしまうことがあります。テレビなどを見せる時には時間を決め、「ワンワンだね」などと言葉をかけながら、親子で楽しむようにしましょう。

## Q 話しかけても目が合いません。耳が聞こえていないのでしょうか？

### A 目が合わなくても聞こえています。カードなどで伝えて

自閉スペクトラム症の子は目を合わせることが苦手ですが、言葉は聞こえています。とはいえ、耳からだけの情報は理解しにくいので、絵カードを見せてメッセージを伝えるといいでしょう。くれぐれも、「ママを見なさい！」というように、無理やり顔を向けたりしないことです。

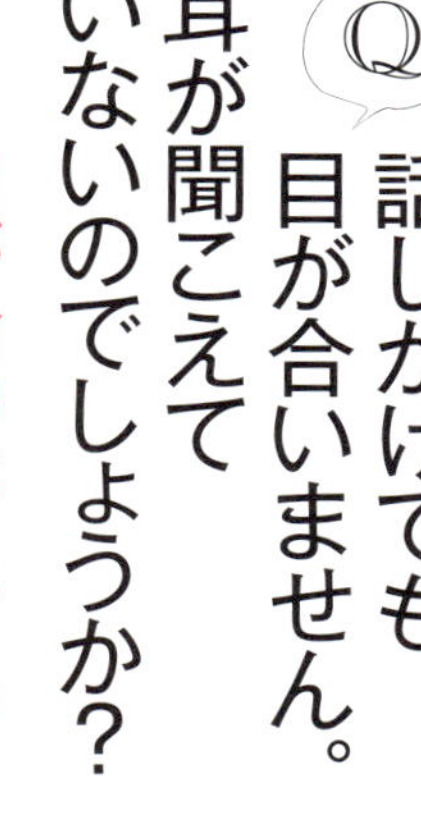

## Q 発達障害児は増えていると聞きますが、本当でしょうか？

### A 診断基準が整備され気づかれなかった障害が把握されるように

1980年代まで、自閉症はまれな疾患としてとらえられていました。国際的には、1万人に4人というのがその割合と把握されていました。

その後、診断基準が整備されるにつれ、自閉症は決してまれな疾患ではないとわかってきました。2005年ごろの統計では、有病率は100人に1人と報告されています。こうした急激な「増加」の理由として、発達障害の特性が知られるようになり子どもの特性に早く気づくようになったこと、それまで見のがされてきた高機能障害も把握されるようになってきたこと、などがあると考えられます。

統計上の増加ではなく、発達障害そのものが増えているのかどうかについては、まだはっきりとわかっていません。

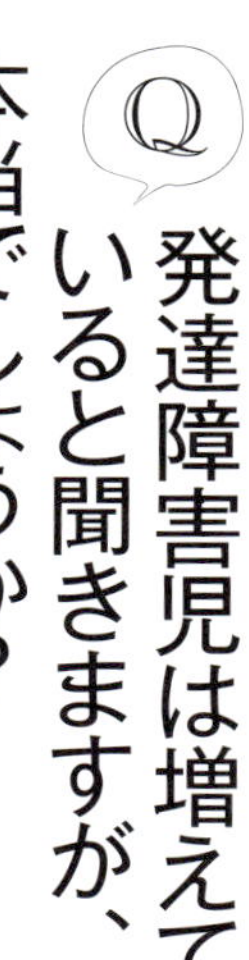

# 受診・療育について

## Q 受診まで3カ月待ちです。その間できることはありますか?

### A 正式な診断前でも療育を始めることは可能です

専門の医療機関で診断してもらう前でも、自治体の発達相談窓口を訪れたり、療育機関に通ったりすることは可能です。現在の悩みを相談して家庭でのかかわりを見直し、療育施設で療育を試してみるのもいいでしょう。受診後に別の療育機関を紹介されることがありますが、その場合には体験授業などを受け、現在の療育機関と比較して検討しましょう。

## Q 小学校で「発達検査」をすすめられました。学校に紹介されたところではなく、民間の病院を探したほうがいいでしょうか?

### A 最初の検査を公の機関で受けるのはおすすめです

「学校に紹介されたところでは、問題がなくても発達障害と決めつけられてしまうのではないか」と不信感を持つケースがあるようですが、ファーストステップとして公の検査はおすすめです。自治体の教育センターや発達障害者支援センターには専門の心理士がおり、評価は適正に行われます。評価のうえで受診をすすめられたら、あらためてわが子に合う病院や療育施設を探しましょう。

## Q 家庭内での療育をしようと思ったら、大変すぎて挫折しそうです。毎日やらないと効果はないのでしょうか?

### A がんばりすぎずできることを少しずつ重ねよう

「1日最低○分』『1週間で合計○時間」などの目標やノルマが掲げられている療育方法もありますが、親がストレスを感じてイライラしたり、子どもの負担になったりしては逆効果です。できるだけ毎日、を目標に、「今日は10分で終了』『今日はお休み」という日があっても大丈夫。子どもが笑顔にならなければ、どんな療育も学びにはつながりません。長い目で続けていきましょう。

### Q 幼稚園や保育園に通いながら、療育を受けることは可能ですか?

**A 可能です。降園後や土日を利用しましょう**

現在は、公的な療育機関だけでなく、民間の療育機関やデイサービスも増えてきました。施設によっては、園からの送迎までしてくれるところもあります。降園後や土日に利用しましょう。障害福祉サービスの受給者証が使えるところなら、料金も安くすむことが多いものです。また、専門機関には通わず、家族で療育を進める方法もあります。

### Q 習い事が長続きしません。やめさせてもいいものでしょうか

**A やめることに罪悪感を持たず、いろいろ体験を**

習い事の目的のひとつは、さまざまな体験を通じて子どもの世界を広げることです。その子に向いていることを探す過程なのだと割り切ってもいいと思います。せっかく始めたのですから、簡単にやめないように励まし、応援することは大切ですが、興味のないことを長々と続けさせる必要もありません。向いているものを探しましょう。

## ママの気持ち・周囲との関係について

### Q 子どもがあまりに言うことを聞かず、かわいいと思えなくなりそうです

**A 特別なことがなくても毎日たくさん「かわいいね」と声をかけて**

ほめたりかわいがったりするのは「子どもがいい行動をした時」だと思っていませんか? あまりにも言うことを聞かないのは、要求水準が高すぎるのかもしれません。どちらから歩み寄るべきかといえば、それは紛れもなく親からです。親が「かわいくない」と思っていると、子どもはかわいくない行動をとります。小さな変化や喜びを見つけ、たくさんかわいがってあげてください。

### Q 義母に「障害児扱いするなんてかわいそう」と非難されました

**A わかってもらえない時には、親が毅然とした態度を**

祖父母世代は、「発達障害」と言われてもピンとこないかもしれませんね。「神経質になりすぎ」「育て方が悪い」などと言われることもあるでしょう。発達障害について理解を求めても、受け入れてもらうのが難しいことがあるかもしれません。子どもの成長に責任を持つのは、親の役割です。「子どもは私たちが責任を持って育てるので、見守っていてください」と言ってもいいのではないでしょうか。

# 発達障害用語解説

**T**

## TEACCH

Treatment and Education of Autistic and related Communication handicapped CHildren の略。構造化や絵カードなどを使い、自閉症児が環境に適応できるようにさまざまな技能を向上させていく療法のひとつ。

**あ**

## アスペルガー症候群

知的な遅れや言葉の発達の遅れが目立たず、相手の感情を読みとったり、人との適切な距離間を保ったりすることが苦手な障害。広汎性発達障害*のひとつとされているが、DSM5では、アスペルガー症候群の区分はなくなっている。

## 意思表示カード

自閉傾向のある子どもは自分の気持ちや要求を言葉で伝えることができにくい。「ごめんなさい」「やめてほしい」など、彼らが意思を伝えるために使うカード。イラストが描かれているものは、絵カードとも呼ばれる。

## エコラリア

反響言語と訳される。「何を食べる?」と聞かれると「何を食べる?」と返す、いわゆるオウム返しのこと。自閉スペクトラム症の子どもは、エコラリアがあらわれることが少なくない。

**か**

## クレーン現象

自閉スペクトラム症の子どもに見られる様子。自分の手のかわりに相手の手を使う様子を、クレーン操縦にたとえている。たとえば、りんごが欲しい時に自分ではとらず、相手の手をりんごに持っていってとらせる。

## 言語聴覚士

言語療法士と呼ばれることもある。言葉の遅れは発達障害の特徴のひとつだが、言語聴覚士は言葉やコミュニケーションに障害がある人に、言語訓練や必要な検査を行う。→ST

## 高次脳機能障害

転倒、水の事故、揺さぶられっ子症候群などで脳の認知機能に損傷が起こった状態。後天的なもので発達障害とは違うが、掛け算の九九だけができないなど、あらわれる症状が似ているため、学習障害と間違われることがある。

## 行動観察

文字どおり行動を観察することだが、発達障害かどうかを見きわめる検査のひとつでもある。人とのかかわり方など、子どもの様子を医師や心理士が観察し、そのほかの検査と合わせて判断する。

## 広汎性発達障害

自閉症および自閉傾向、レット症候群、アスペルガー症候群、小児期崩壊性障害の総称で、発達や機能の遅れが広い範囲にわたっている。ただしDSM5では、広汎性発達障害という区分はなくなっている。→PDD

**さ**

## 作業療法士

発達障害の子は、不器用だったり体の動きがぎこちなかったりすることが多い。そうした子どもに適切な療育やトレーニングを行う際、作業療法士が介在することがある。→OT

## サポート校

通信制高校に在籍する生徒に対し、わからない科目のレポート作成など、必要な支援を行う民間の教育施設。通信制高校で高校卒業を目指す発達障害の生徒には心強い。中等部や小学部を併設するところもある。

**A**

## ABA

Applied Behavior Analysis の略。応用行動分析と訳される。適切な行動はほめて伸ばし、不適切な行動は無視することで減らしていくなど、現実の生活に役立つ行動を身につけていくための行動療法のひとつ。

## ADHD

Attention-Deficit/Hyperactivity Disorder の略。注意欠如／多動性障害と呼ばれる、発達障害のひとつ。不注意または多動性・衝動性の程度が強く、社会生活に困難を及ぼすレベルに達している状態。

## ASD

Autistic Spectrum Disorder の略。自閉スペクトラム症と総称される、発達障害のひとつ。人とのかかわりやコミュニケーションに問題があり、反復行動や特定のものへの強い興味やこだわりを見せる。

**D**

## DSM

Diagnostic and Statistical Manual of Mental Disorders の略。米精神医学会が刊行し、「精神障害／疾患の診断と統計マニュアル」と訳される。国際的な診断基準のひとつで、現在は第5版（DSM-5）が使用されている。

**L**

## LD

Learning Disorders または Learning Disabilities の略。学習障害と訳される。知的発達に大きな遅れがなく、読み、書き、計算など特定の能力が年齢のわりに著しく低い。識字障害（ディスレクシア）はLDの一種。

**O**

## OT

Occupational Therapist の略。→作業療法士

**P**

## PDD

Pervasive Developmental Disorders の略。→広汎性発達障害

## PECS

Picture Exchange Communication System の略。絵カード交換コミュニケーションシステム。たとえば、絵カードに描かれたりんごを実物と交換して「りんご」と発音させる。コミュニケーションスキルを身につける療法。

## PT

Physical Therapist の略。→理学療法士

**S**

## SST

Social Skills Training の略。→ソーシャルスキルトレーニング

## ST

Speech Therapist の略。→言語聴覚士

### 特別支援教育コーディネーター

特別支援教育を推進する、各学校の担当者。保護者や関係機関に対する窓口となったり、学校と医療関係者を結ぶ役割を果たしたりしながら、児童生徒を支援する役割を担う。

な

### 二次障害

人とうまくかかわれない、雰囲気を察することができないなど、発達障害の特性から周囲に理解されず、自己肯定感が持てないことで起こる問題。いじめ、ひきこもり、うつ、依存症、非行など、そのあらわれ方はさまざま。

は

### 発達検査

発達の状態を調べる検査。乳幼児に行われることが多いが、成人に行うこともある。K式、遠城寺式など、いくつかの検査方法がある。姿勢や運動機能、言葉の発達などの項目を検査して、発達の遅れを見つける。

### 発達障害者支援センター

発達障害を持つ人のための医療、福祉、教育、労働などの情報提供やサポートをする専門機関。センターは各都道府県と政令指定都市などに置かれている。学校選びや就職の支援も行っている。

### ペアレントトレーニング

子どもの不適切な行動にどう対応すべきかを、子どもの行動分析やディスカッションなどを通じて親が学ぶカリキュラム。トレーニングは必ず、訓練を受けたトレーナーのもとで行われる。

### 母子分離

物理的に、母と子が離れている、または離れていられること。母親の姿が見えないと遊べない子どもは「母子分離ができていない」などと言う。発達障害の場合、母子分離不安が非常に強い・明らかに少ない両方のケースがある。

ら

### 理学療法士

発達障害の子は、不器用だったり体の動きがぎこちなかったりすることが多い。そうした子どもに適切な療育やトレーニングを行う際、理学療法士が介在することがある。→PT

### 療育

「治療教育」の略。社会の中で自立して生きていけるように、医師や専門家が必要なトレーニングを行うこと。コミュニケーションの方法、場に応じたふさわしいふるまいなどを、さまざまな方法を使って身につけさせていく。

### 療育手帳

知的障害を持つ人に対して発行される障害者手帳。医療費助成などさまざまな優遇が受けられる。また、特別支援学校高等部への進学には、この手帳の取得が条件の場合がある。「愛の手帳」など自治体で名称が違う場合も。

### 臨床心理士

日本臨床心理士資格認定協会の認定資格を持つ、「心の専門家」。学校に配属される学校カウンセラーも、この資格が必要とされる。現在、日本には心理領域の国家資格がなく、臨床心理士はこの分野の資格として最も信頼度が高い。

### 就学時健診

翌春に小学校入学が予定されている子どもの健康診断で、前年の秋に行われる。身長体重や病気の有無、知的発達の度合いなどを見る。この健診を経て、特別支援学級などへの就学をすすめられることもある。

### 受給者証

正式名称は、障害福祉サービス受給者証。知的障害を伴わなくても取得できる点などで、療育手帳とは異なる。提携する機関の療育や放課後デイサービスといった福祉サービスを低負担で受けることができる。

### 常同行動

特定の行動を繰り返しやり続けること。手をひらひらと振り続ける、1カ所でクルクルと回り続ける、飛びはね続けるなどの常同行動は、自閉スペクトラム症の子どもによく見られる。

### スクリーニング

ある集団から特定の病気や障害の人、その予備軍などを選び出すこと。選別、選定などの意味の言葉だが、医学的な意味合いで使われることも多い。最近では、幼児の健診で発達障害のスクリーニングを行う自治体が増えている。

### ソーシャルスキルトレーニング

話を聞く時の態度、自分の意思の伝え方、相手の表情の読み方など、社会生活を送るうえで必要な技能や心理を学ぶトレーニング。発達障害の療育では、このソーシャルスキルトレーニングを重視することが多い。→SST

た

### 田中ビネー

田中ビネー式知能検査の略で、知能指数を調べる検査。フランスの心理学者であるアルフレッド・ビネーが開発した知能検査を、日本人用に改訂したもの。発達障害の検査として使用されることがある。

### 通級指導教室

学校内で週1～2回・数時間程度、ソーシャルスキルや体をバランスよく使う運動指導などを行う教室。複数の学校に1つの割合で設置されていて、いつもは普通学級に通っている子どもが、教室のある日だけ設置されている学校に通う。

### 定型発達

発達に遅れや障害がない、いわゆる「普通」の発達をしていること。「発達障害のある子ども」に対して「定型発達の子ども」などというように、対比的に使われることが多い。

### 特別支援学級

小学校・中学校内に設置されている、心身に障害を持つ子のための少人数の学級。以前は「特殊学級」と呼ばれていたが、現在はこの名称に変わっている。「なかよし学級」「養護学級」など、各学校で個別の呼び名もある。

### 特別支援学校

心身に障害を持つ子のための、専門の学校。以前は「養護学校」と呼ばれていたが、現在はこの名称に変わっている。原則として教員は、通常の教員免許のほかに特別支援学校教員の免許が必要となる。

### 特別支援教室

東京都での呼び名で、普通学級に籍を置きながら、週1回程度の特別支援が在籍校で受けられるシステム。名称やシステムは、地域によってさまざまなものがある。

# 言葉リスト

発達障害の子は、ほめられるほど伸びるのです。でも、ほめ言葉がとっさに出ないこともある。参考になるフレーズを集めました。

## 子どもががんばった時 たたえる言葉

- すごい!
- えらい!
- やったね
- 立派だったよ
- びっくりしたよ
- サイコー!
- 感動しちゃったよ
- ナイス!

**ほめるポイント**

「〜ができて立派だったよ」などと、具体的にほめましょう。また、パズルが完成したら「すごい」、スーパーでおとなしく歩いていたら「立派」と、秒速でほめるのもコツ。1日10回でも20回でもほめてあげて。

## 努力のプロセス・意識の変化を 認める言葉

- よくがんばったね
- さすがお兄ちゃん（○年生）
- できると思っていたよ
- 成長したね
- 応援しているよ
- 最後まであきらめなかった
- よくがまんできた

**ほめるポイント**

年齢が上がると、「たたえる言葉」にウソくささや恥ずかしさを感じるようになる子もいます。そんな子には「認める言葉」を。成果だけではなく、努力の過程をほめたい場合にも有効です。

## 子どもの力を認める 感謝の言葉

- 〜してくれてありがとう
- ママ、すごく助かった
- とってもうれしいよ
- （おばあちゃんなどが）すごく感心していたよ

**ほめるポイント**

特に思春期にさしかかった子どもには、自分が何かの役に立ったという思いが満たされることこそが、最高のほめ言葉になります。大人から、対等の目線で感謝されることは、彼らの自尊心を高めてくれます。

# ポジティブな言葉の引き出しを満たそう

## 愛を伝える言葉

毎日、たっぷり聞かせてあげて

- 大好きだよ
- かわいい子だね
- きみが生まれてくれてよかった
- 世界でいちばん大事だよ
- ママとパパの宝物

**ほめるポイント**

愛を伝える言葉は、ぜひ惜しみなく伝えてください。どんな時にも親から大切に思われている、見捨てられてはいないと感じることは、困難に立ち向かう時のいちばんのエネルギー源になってくれるでしょう。

## 受け止める言葉

子どもが困った時つらい時

- つらかったね
- イヤだったね
- 気持ち、よくわかるよ
- 大変だったよね
- 泣いていいんだよ
- いつでもママに話してね
- ママとパパがついているよ
- そんなふうに思っていたんだね
- 気にしなくていいんだよ

**ほめるポイント**

直接的なほめ言葉ではないけれど、「あなたはそのままでいい」「味方だよ」という言葉は心の芯になっていきます。特に子どもがつらい気持ちになっている時や、悩んでいる時には、受け止める言葉を惜しみなく使いましょう。

## 応援する言葉

励ましが子どもを成長させます

- フレー、フレー、○○くん!
- あなたならできる
- 大丈夫だよ
- リラックスしていこう
- この調子!
- ここまでできた、次は○○だね
- もうひとがんばりしよう
- いっしょにやろう

**ほめるポイント**

子どもがやるべきことに向かうきっかけには、「やりなさい」と命令するより、「きっとできるよ」と伝える方が有効。不安や迷いのある子には「こうすればできるかもしれない」と見通しを持たせる助言をしてあげても。

## ＼つい口にする／
# 厳しい言葉の言い換えリスト

| 言いがちな言葉 | わかりやすい言い方 | 言い換えポイント |
|---|---|---|
| いいかげんにして! | それはおしまいにして、◯◯をやろう | 「いいかげんにして」という抽象的な言葉は、発達障害の子にとってほとんど意味のないメッセージです。現在のどんな行動を、どう変えるか、具体的に伝える工夫をしましょう。 |
| いつまでやれば気がすむの? | あと5分（時計を見せる）でおしまい | 自閉スペクトラム症の子にこのような遠回しの言い方は通じません。時計を見せるなどして、視覚的に「しめ切り」を伝えましょう。 |
| 走らないで! | ママと手をつないで歩こう | 否定的な言い方ではなく、具体的にどう行動を変えればいいかを伝えます。否定が習慣になっている人も多いですね。頭の中で言葉を変換させるくせをつけましょう。 |
| 片づけなさい! | ランドセルは机にかけて、ゲームを棚に戻そう | 「片づける」も、イメージしにくい抽象的な言葉です。何が散らかっているのか親が判断し、それぞれをどこに置くが、具体的に指示しましょう。 |
| 早く着替えなさい! | ズボンははけたね。じゃ、次はTシャツを着よう | 「着替える」という表現もわかりづらいもの。今着ている服を脱ぎ、着替えをタンスから出し、ズボンをはき、Tシャツを着て……と、スモールステップで指示します。 |
| いつまで泣いているの? | ママはここにいるからね。泣きやんだらおいで | かんしゃくを起こしている子を責めても意味はありません。抱っこやなぐさめがかんしゃくを助長する場合は、声だけかけて近くで見守り、泣きやんだらほめましょう。 |
| 返事をしなさい! | ママが◯◯と言ったら「はーい」って言ってね | 発達障害の子は、聞こえたら返事をする習慣がつきにくいのです。人の問いかけに「はい」と返事をすることにも練習が必要です。「はい」と言えたらほめましょう。 |
| 何回言ったらわかるの? | ◯◯しよう | 自閉スペクトラム症の子は「5回」などと素直に答えてしいます。遠回しな言い方はせず、「◯◯しようね」とストレートに。必ずそばに寄り、目を合わせて言います。 |
| うるさい! | このお店に来たら、お話ししないよ | よく言ってしまいがちですが、否定されたことしか伝わりません。場面によって声の大きさを変える必要があることを、事前にしっかり教えてあげましょう。 |
| ちゃんと食べなさい! | これを一口だけ食べてみようか | 食事もスモールステップで声をかけ、食べられたらほめるようにしましょう。食べられなくても、まずは一口すすめてみて。そこからスタートです。 |